UNE FILLE

DU RÉGENT.

En Vente.

LES VRAIS MYSTÈRES DE PARIS,
PAR VIDOCQ,
7 vol. in-8.

LES DERNIERS KERVEN,
(GUERRE DES DEUX ROSES).
PAR LE CH{ier} A. DE GONDRECOURT.
2 vol. in-8.

Ouvrages de Maximilien Perrin.

L'Amour et la Faim.	2 vol. in-8.
L'Amant de ma Femme.	2 vol. in-8.
La Fille de l'Invalide.	2 vol. in-8.
Le Mari de la Comédienne.	3 vol. in-8.
Ma vieille Tante.	2 vol. in-8.
L'Ami de la Maison.	2 vol. in-8.
Les Pilules du Diable.	2 vol. in-8.
Le Garde Municipal.	2 vol. in-8.
Vierge et Modiste.	2 vol. in-8.
Le Domino Rose.	2 vol. in-8.
La Demoiselle de la Confrérie.	2 vol. in-8.
La Servante Maîtresse.	2 vol. in-8.

SCEAUX. — IMPR. DE E. DÉPÉE.

UNE FILLE

DU RÉGENT

PAR

Alexandre Dumas.

I

PARIS
ALEXANDRE CADOT, ÉDITEUR,
32, RUE DE LA HARPE.

1844

I

Une Abbesse au XVIIIe siècle.

Le huit février 1719, une chaise armoriée des trois fleurs de lys de France, avec le lambel d'Orléans au chef, entrait précédée de deux piqueurs et d'un page, sous le porche roman de l'abbaye de Chelles, au moment où dix heures sonnaient.

Arrivée sous le péristyle, la chaise s'arrêta, le page avait déjà mis pied à terre, la portière fut donc ouverte sans retard, et les deux voyageurs qu'elle contenait descendirent.

Celui qui en sortit le premier était un homme de quarante-cinq à quarante-six ans, de petite taille, assez replet, haut en couleur, bien dégagé dans ses mouvements et ayant dans tous ses gestes un certain air de supériorité et de commandement.

L'autre qui descendit lentement et un à un les trois degrés du marche-pied, était petit aussi, mais maigre et cassé, sa figure sans être précisément laide offrait, malgré l'esprit qui étincelait dans ses yeux et l'expression de malice qui relevait le coin de ses lèvres, quelque chose de désagréable ; il paraissait très sensible au froid, qui en effet piquait assez vivement, et suivait son compagnon tout en grelottant sous un vaste manteau.

Le premier de ces deux hommes s'élança rapidement vers l'escalier et en escalada les marches en personne qui connaît les localités, passa dans une vaste antichambre en saluant plusieurs religieuses qui s'inclinèrent jusqu'à terre, et courut plutôt qu'il ne marcha vers un salon de réception situé aux entresol et dans lequel, il faut le dire, on ne re- remarquait aucune trace de cette austérité qui est d'ordinaire la première condition de l'intérieur d'un cloître.

Le second qui avait monté l'escalier lentement, passa par les mêmes pièces, salua les mêmes religieuses qui s'inclinèrent presqu'aussi bas qu'elles l'avaient fait pour son compagnon, qu'il finit par rejoindre au salon, mais sans autrement se presser.

— Et maintenant, dit le premier des deux hommes, attends-moi ici en te réchauffant, j'entre chez elle, et en dix minutes j'en finis avec tous les abus que tu m'as signalés; si elle nie et que j'aie besoin de preuves, je t'appelle.

— Dix minutes, monseigneur, répondit l'homme au manteau, il se passera plus de deux heures avant que Votre Altesse ait seulement abordé le sujet de la visite. Oh! madame l'abbesse de Chelles est un grand clerc, l'ignorez-vous par hasard?

Et en disant ces mots, il s'étendit sans façon dans un fauteuil qu'il avait tiré près du feu et allongea ses jambes maigres sur les chenêts.

— Eh! mon Dieu, non, reprit avec impatience celui que l'on qualifiait du titre d'Altesse, et si je pouvais l'oublier, tu te chargerais de me le rappeler, Dieu merci! assez souvent. Diable d'homme! vas; pourquoi m'as-tu fait venir ici aujourd'hui par ce vent et par cette neige?

— Parce que vous n'avez pas voulu y venir hier, Monseigneur.

— Hier, c'était impossible, j'avais rendez-vous justement à cinq heures avec mylord Staer.

— Dans une petite maison de la rue des Bons-Enfants. Mylord ne demeure donc plus à l'hôtel de l'Ambassade d'Angleterre ?

— Monsieur l'abbé, je vous ai déjà défendu de me faire suivre.

— Monseigneur, mon devoir est de vous désobéir.

— Eh bien ! désobéissez-moi, mais laissez-moi mentir à mon aise, sans avoir l'impertinence, pour me prouver que votre police est bien faite, de me faire remarquer que vous vous apercevez que je mens.

— Monseigneur peut être tranquille, je croirai désormais tout ce qu'il me dira.

— Je ne m'engage pas à vous rendre la

pareille, Monsieur l'abbé, car ici justement, vous me paraissez avoir commis quelqu'erreur.

— Monseigneur, je sais ce que j'ai dit, et non-seulement je répète ce que j'ai dit, mais je l'affirme.

— Mais regarde donc, pas de bruit, pas de lumière, une paix de cloître, tes rapports sont mal faits, mon cher, on voit que nous sommes en retard avec nos agents.

— Hier, Monseigneur, il y avait ici où vous êtes, un orchestre de cinquante musiciens; là-bas où s'agenouille si dévotement cette jeune sœur converse, il y avait un buffet; ce qu'il y avait sur ce buffet, je ne vous le dis pas, mais je le sais, et dans cette galerie, là, à gauche, où un modeste souper de lentilles et de fromage à la crême se prépare pour les saintes filles du Seigneur, on dansait, on buvait et l'on faisait.....

— Eh bien! que faisait-on?

— Ma foi, Monseigneur, on faisait l'amour à deux cents personnes.

— Diable! diable, et tu es bien sûr de ce que tu me dis là!

— Un peu plus sûr que si je l'avais vu de mes propres yeux, voilà pourquoi vous faites bien de venir aujourd'hui, et pourquoi vous eussiez mieux fait encore de venir hier. Ce genre de vie là ne convient réellement pas à des abbesses, Monseigneur.

— Non, n'est-ce pas, c'est bon pour des abbés, l'abbé.

— Je suis un homme politique, Monseigneur.

— Eh bien, ma fille est une abbesse politique, voilà tout!

— Oh! qu'à cela ne tienne, Monseigneur, laissons faire, si cela vous convient; je ne suis pas chatouilleux en morale, moi, vous le savez mieux que personne. Demain on me chansonnera, soit, mais on m'a chansonné hier et l'on me chansonnera après demain, qu'est-ce qu'une chanson de plus? *la belle abbesse d'où viens-tu?* fera un pendant très convenable à : *monsieur l'abbé, ou allez-vous?*

— Allons, allons, c'est bien, attends-moi ici, je vais gronder.

— Croyez-moi, Monseigneur, si vous

voulez faire de la bonne besogne, grondez ici, grondez devant moi, je serai plus sûr de mon affaire ; si vous manquez de raisonnement ou de mémoire, faites-moi signe et je viendrai à votre aide, soyez tranquille.

— Oui, tu as raison, dit le personnage qui s'était chargé du rôle de redresseur de torts, et dans lequel, nous l'espérons bien, le lecteur a reconnu le régent Philippe d'Orléans. Oui, il faut que le scandale cesse... un peu au moins ; il faut que l'abbesse de Chelles, désormais, ne reçoive plus que deux fois la semaine ; qu'on ne souffre plus cette cohue et ces danses, et que les clôtures soient rétablies, afin que le premier venu n'entre plus dans ce couvent comme un piqueur dans une forêt.

Mademoiselle d'Orléans est passée de la dissipation aux idées religieuses; elle a quitté le Palais-Royal pour Chelles, et cela malgré moi qui ai fait tout ce que j'ai pu pour l'empêcher. Eh bien, que pendant cinq jours de la semaine elle fasse l'abbesse, il lui restera encore deux jours pour faire la grande dame, il me semble que c'est bien assez.

— Très bien, Monseigneur, très bien, vous commencez à envisager la chose sous son véritable point de vue.

— N'est-ce pas ce que tu veux, dis?

— C'est ce qu'il faut; il me semble qu'une abbesse qui a trente valets de pied, quinze laquais, dix cuisiniers, huit piqueurs, une meute, qui fait des armes, qui joue de la basse, qui sonne du cor, qui saigne, qui purge, qui fait des perruques, qui tourne des pieds de fauteuil, qui tire des coups de pistolet et des feux d'artifice, il me semble, Monseigneur, qu'une abbesse comme celle-là ne doit pas trop s'ennuyer d'être religieuse.

— Ah çà, mais dit le duc à une vieille religieuse qui traversait le salon, un trousseau de clefs à la main ; n'a-t-on donc pas fait prévenir ma fille de mon arrivée ? je désirerais savoir si je dois passer chez elle ou l'attendre ici.

— Madame vient, Monseigneur, répondit respectueusement la sœur en s'inclinant.

— C'est bien heureux, murmura le Régent qui commençait à trouver que la digne abbesse en agissait avec lui un peu bien légèrement et comme fille et comme sujette.

— Allons, Monseigneur, rappelez-vous la fameuse parabole de Jésus chassant les marchands du temple, vous la savez, vous l'avez sue, ou vous deviez la savoir, car je vous l'ai apprise avec bien d'autres choses dans le temps que j'étais votre précepteur ; chassez-moi un peu ces musiciens, ces pharisiens, ces comédiens et ces anatomistes, trois seulement de chaque profession et cela nous fera une assez jolie escorte, je vous en réponds, pour nous accompagner au retour.

— N'aie pas peur, je me sens en verve de prêcher.

— Alors répondit Dubois en se levant, cela tombe à merveille, car la voici.

En effet, en ce moment même une porte donnant dans l'intérieur du couvent venait de s'ouvrir et la personne si impatiemment attendue apparaissait sur le seuil.

Disons en deux mots quelle était cette digne personne qui était parvenue, à force de folies, à soulever la colère de Philippe d'Orléans, c'est-à-dire de l'homme le plus débonnaire et du père le plus indulgent de France et de Navarre.

Mademoiselle de Chartres, Louise Adélaïde d'Orléans était la seconde et la plus jolie des trois filles du régent, elle avait une belle peau, une teint superbe, de beaux yeux, une belle taille et des mains délicates, ses dents surtout, étaient magnifiques et la princesse palatine sa grand'-mère les compare à un collier de perles dans un écrin de corail.

De plus elle dansait bien, chantait mieux encore, lisait la musique à livre ouvert et accompagnait admirablement : elle avait eu pour maître de musique Cauchereau, l'un des premiers artistes de l'Opéra, avec lequel elle avait fait de plus rapides progrès, que n'en font ordinairement les femmes et surtout les princesses, il est vrai que mademoiselle d'Orléans mettait une grande assiduité dans ses leçons, bientôt peut-être, le secret de cette assiduité sera-t-il révélé au lecteur comme il le fût à la duchesse sa mère.

Au reste, tous ses goûts étaient ceux

d'un homme, et elle semblait avoir changé de sexe et de caractère avec son frère Louis, elle aimait les chiens, les chevaux et les cavalcades; toute la journée elle maniait des fleurets, tirait le pistolet ou la carabine, faisait des feux d'artifice, n'aimant rien au monde de ce qui plaît aux femmes, et s'occupant à peine de sa figure, qui, ainsi que nous l'avons dit, en valait la peine.

Cependant au milieu de tout cela, le talent que préférait mademoiselle de Chartres était la musique, elle portait sa prédilection pour cet art jusqu'au fanatisme : rarement elle manquait une des représentations de l'Opéra où jouait son maître Cauchereau, donnant à l'artiste des preuves de sa sympathie en applaudissant comme une simple femme, et un soir que cet artiste s'était surpassé dans un grand air, elle alla même jusqu'à s'écrier: — Ah! bravo, bravo, mon cher Cauchereau.

La duchesse d'Orléans trouva non-seulement l'encouragement un peu vif mais encore l'exclamation hasardée pour une princesse du sang. Elle décida que mademoiselle de Chartres savait assez de musique comme cela, et Cauchereau bien payé de ses leçons, reçut l'avis que l'éducation musicale de son élève étant terminée, il n'avait plus besoin de se présenter au Palais-Royal.

De plus, la duchesse invita sa fille à aller passer une quinzaine de jours au couvent de Chelles, dont l'abbesse, sœur du maréchal de Villars, était une de ses amies.

Sans doute, ce fut pendant cette retraite que mademoiselle de Chartres qui faisait tout par sauts et par bonds, dit saint Simon, prit la résolution de renoncer au monde : quoiqu'il en soit, vers la semaine sainte de 1718, elle avait demandé à son père, qui le lui avait accordé, d'aller faire ses pâques à l'abbaye de Chelles, mais cette fois les pâques faites, au lieu de revenir prendre au Palais sa place de princesse du sang, elle demanda à rester à Chelles, comme simple religieuse.

Le duc qui trouvait qu'il avait déjà bien assez d'un moine dans sa famille, c'est ainsi qu'il appelait son fils légitime Louis, sans compter un de ses fils naturels qui était abbé de Saint-Albin, fit tout ce qu'il pût pour s'opposer à cette étrange vocacation : mais sans doute parce qu'elle rencontrait cette opposition, mademoiselle de Chartres s'entêta : il fallut céder, et le 23 avril 1718, elle prononça ses vœux.

Alors le duc d'Orléans, pensant que sa fille pour être religieuse n'en était pas moins princesse du sang, traita avec mademoiselle de Villars de son abbaye : douze mille livres de rentes qu'on assura à la sœur du maréchal firent l'affaire, mademoiselle de Chartres en son lieu et place fut nommée abbesse de Chelles, et elle occupait depuis un an le poste élevé de si étrange façon, qu'elle avait comme on l'a vu, soulevé les susceptibilités du régent et de son premier ministre.

C'était donc cette abbesse de Chelles, si longtemps attendue, qui arrivait, se rendant enfin aux ordres de son père, non plus entourée de cette cour élégante et profane, qui avait disparu avec les premiers rayons du jour ; mais suivie au contraire d'un cortége de six religieuses vêtues de noir et portant des cierges allumés, ce qui fit penser au régent que sa fille se soumettait d'avance à ses désirs. Plus d'air de fête, plus de frivolité, plus de dévergondage, mais au contraire des mines austères et le plus sombre appareil.

Cependant le régent pensa que le temps pendant lequel on l'avait fait attendre, avait bien pu être employé à préparer cette lugubre cérémonie.

— Je n'aime pas les hypocrisies, dit-il d'un ton bref, et je pardonne facilement les vices qu'on n'essaie pas de me cacher!

sous des vertus. Tous ces cierges d'aujourd'hui m'ont bien l'air, Madame, du reste des bougies d'hier. Voyons, avez-vous cette nuit fané toutes vos fleurs et fatigué tous vos convives, que vous ne puissiez aujourd'hui me montrer ni un seul bouquet, ni un seul baladin.

— Monsieur, dit l'abbesse d'un ton grave, vous arrivez mal si vous venez chercher ici les distractions et les fêtes.

— Oui, je le vois, dit le régent en jetant un coup-d'œil sur les spectres dont sa fille était accompagnée, et je vois aussi que si vous avez fait mardi-gras hier, vous l'enterrez aujourd'hui.

— Étiez-vous-venu, Monsieur, pour me faire subir un interrogatoire? en tout cas, ce que vous voyez doit répondre aux accusations que l'on aura portées contre moi près de votre Altesse.

— Je venais vous dire, Madame, reprit le régent qui commençait à s'impatienter à l'idée qu'on voulait le prendre pour dupe, je venais vous dire que le genre de vie que vous menez me déplaît; vos déportements d'hier vont mal à une religieuse, vos austérités d'aujourd'hui sont exagérées pour une princesse du sang; choisissez une bonne fois pour toutes, d'être abbesse ou Altesse-Royale ; on commence à fort mal parler de vous dans le monde et j'ai bien assez de mes ennemis, sans que du fond de votre couvent vous me lâchiez aussi les vôtres.

— Hélas! Monsieur, reprit l'abbesse d'un ton résigné, en donnant des festins, des bals et des concerts qu'on citait comme les plus beaux de Paris, je ne suis pas arrivée à plaire à ces ennemis, ni à vous plaire à vous, ni à me plaire à moi-même, à plus forte raison quand je vis recluse et retirée. Hier était mon dernier rapport avec le monde, ce matin j'ai rompu définitivement avec lui ; et aujourd'hui, ignorant votre visite, j'avais pris un parti sur lequel je suis décidée à ne pas revenir.

— Et lequel ? demanda le régent, se doutant qu'il était question de quelques-unes de ces nouvelles folies, si familières à sa fille.

— Approchez-vous de la fenêtre et regardez, dit l'abbesse.

Le régent, sur cette invitation, s'approcha en effet de la fenêtre et il vit une cour au milieu de laquelle brûlait un grand feu, en même temps, Dubois, curieux comme s'il eût été un véritable abbé, se glissait près de lui.

Devant ce feu, passaient et repassaient des gens empressés qui jetaient dans les flammes différents objets de forme singulière.

— Qu'est-ce que cela, demanda le régent à Dubois qui paraissait aussi surpris que lui.

— Ce qui brûle dans ce moment ? demanda l'abbé.

— Oui, reprit le régent.

— Ma foi, Monseigneur, ça m'a tout l'air d'une basse.

— C'en est une en effet, dit l'abbesse;

c'est la mienne, une excellente basse de Valeri.

— Et vous la brûlez ? s'écria le régent.

— Tous ces instruments sont des sources de perditions, dit l'abbesse d'un ton de componction qui indiquait le plus profond repentir.

— Eh ! mais, voilà un clavecin, interrompit le duc.

— Mon clavecin, Monsieur, il était si parfait, qu'il m'entraînait à des idées mondaines, depuis ce matin je l'ai condamné.

— Et qu'est-ce que tous ces cahiers de papier avec lesquels on entretient le feu ? demanda Dubois que ce spectale paraissait intéresser au dernier point.

— Ma musique que je fais brûler.

— Votre musique? demanda le régent.

— Oui, et même la vôtre, dit l'abbesse, regardez bien et vous verrez passer à son tour, tout votre opéra de *Panthée;* vous comprenez que mon parti une fois pris, l'exécution devait être générale.

— Ah! çà mais, pour cette fois, vous êtes folle, Madame; allumer son feu avec la musique, l'entretenir avec des basses et des clavecins, c'est véritablement un trop grand luxe.

— Je fais pénitence, Monsieur.

— Hum! dites plutôt que vous renouvelez votre maison, et que tout cela est pour vous un moyen d'acheter de nouveaux meubles, dégoûtée que vous êtes sans doute des anciens.

— Non Monseigneur, ce n'est rien de tout cela.

— Eh bien ! qu'est-ce donc ? parlez-moi franchement.

— Eh bien ! c'est que je m'ennuie de m'amuser et qu'effectivement je songe à faire autre chose.

— Et qu'allez-vous faire ?

— Je vais de ce pas visiter, avec mes religieuses, le caveau qui doit recevoir mon corps, et la place que j'occuperai dans ce caveau.

— Le diable m'emporte, dit l'abbé, pour cette fois, Monseigneur, la tête lui tourne.

— Cela sera fort édifiant, n'est-ce pas, Monsieur? continua gravement l'abbesse.

— Certes, et je ne doute même pas que si cela se fait, reprit le duc, on n'en rie beaucoup plus que de vos soupers.

— Venez-vous, Messieurs, continua l'abbesse, je vais me placer quelques instants dans ma bière : c'est une fantaisie que j'ai depuis fort longtemps.

— Et vous avez bien le temps d'y être, Madame, dit le régent; d'ailleurs, vous n'avez pas inventé ce divertissement et Charles-Quint, qui s'était fait moine, comme vous vous êtes faite religieuse, sans trop savoir pourquoi, y avait pensé avant vous.

— Ainsi, vous ne m'accompagnez pas,

Monseigneur, dit l'abbesse en s'adressant à son père.

— Moi! dit le duc qui n'avait pas la moindre sympathie pour les idées sombres; moi, aller voir des caveaux mortuaires; moi, aller entendre un *De profondis*... Non pardieu! et la seule chose qui me console de ne pouvoir échapper un jour au *De profondis* et au caveau, c'est que j'espère au moins que ce jour-là, je n'entendrai l'un ni ne verrai l'autre.

— Ah! Monsieur, dit l'abbesse d'un air scandalisé, vous ne croyez donc pas à l'immortalité de l'âme!

— Je crois que vous êtes folle à lier, ma fille. Diable d'abbé, va, qui me promet une orgie et qui m'amène à un enterrement.

— Ma foi, Monseigneur, dit Dubois, je crois que j'aimais encore mieux les extravagances d'hier, c'était plus rose.

L'abbesse salua et fit quelques pas vers la porte. Le duc et l'abbé se regardaient, ne sachant s'il devaient rire ou pleurer.

— Un mot encore, dit le duc à sa fille : Vous êtes-vous bien décidée pour cette fois, voyons; ou n'est-ce qu'une fièvre que vous a communiquée votre confesseur. Si vous êtes bien décidée, je n'ai rien à dire; mais si ce n'est qu'une fièvre, je veux qu'on vous guérisse, morbleu!.. J'ai Moreau et Chirac que je paie pour me traiter moi et les miens.

— Monseigneur, reprit l'abbesse, vous oubliez que je sais assez de médecine pour que j'entreprenne de me guérir moi-même si je me croyais malade ; je puis donc vous assurer que je ne suis pas malade, je suis janséniste, voilà tout.

— Ah! s'écria le duc, voici encore de la besogne du père Le Doux; exécrable bénédictin, va... Au moins, celui-là, je sais un régime qui le guérira.

— Et lequel ? demanda l'abbesse.

— La Bastille, répondit le duc.

Et il sortit furieux, suivi de Dubois qui riait de toutes ses forces.

— Tu vois, lui dit-il après un long silence et lorsqu'on approcha de Paris, que tes rapports sont absurdes... J'avais bonne grâce à sermonner, c'est moi qui ai attrapé le sermon.

— Eh bien ! vous êtes un heureux père,

voilà tout. Je vous fais mon compliment sur les réformes de votre fille cadette, mademoiselle de Chartres ; malheureusement, votre fille aînée, madame la duchesse de Berry...

— Oh! celle-ci, ne m'en parle pas, Dubois ; c'est mon ulcère. Aussi, pendant que je suis de mauvaise humeur...

— Eh bien!

— J'ai bonne envie d'en profiter pour finir avec elle d'un seul coup.

— Elle est au Luxembourg.

— Je le crois.

— Allons donc au Luxembourg, Monseigneur.

— Tu viens avec moi?

— Je ne vous quitte pas de la nuit.

— Bah !

— J'ai des projets sur vous.

— Sur moi !

— Je vous mène à un souper.

— A un souper de femmes ?

— Oui.

— Combien y en aura-t-il ?

— Deux.

— Et combien d'hommes ?

— Deux.

— C'est donc une partie carrée ? demanda le prince.

— Justement.

— Et je m'y amuserai ?

— Je le crois.

— Prends garde, Dubois, tu te charges là d'une grande responsabilité.

— Monseigneur aime le nouveau ?

— Oui.

— L'inattendu ?

— Oui.

— Eh bien ! il en verra ; voilà tout ce que je peux lui dire.

— Soit, répondit le régent, au Luxembourg d'abord... et puis après ?

— Et puis après, faubourg Saint-Antoine.

Et sur cette détermination nouvelle, le cocher reçut l'ordre de toucher au Luxembourg, au lieu de toucher au Palais-Royal.

11

Décidément la famille se range.

Madame la duchesse de Berry chez laquelle se rendait le régent, était quoiqu'il en eût dit là fille bien-aimée de son cœur; prise à l'âge de sept ans d'une maladie que les médecins avaient jugée mortelle, et abandonnée par eux, elle était retombée entre les mains de son père, qui faisait un peu de médecine, comme on le sait, et qui en la traitant à sa manière était parvenu à la sauver. Dès-lors, cet amour paternel du régent pour elle était devenu de la faiblesse. A partir de cet âge, il avait laissé faire à cette enfant volontaire et hautaine tout ce qu'elle avait voulu ; son éducation fort négligée s'était ressentie de cet abandon à sa propre volonté : ce qui n'avait pas empêché que Louis XIV ne la choisît pour devenir la femme de son petit-fils le duc de Berry.

On sait comment la mort fondit tout à coup sur la triple postérité royale et comment moururent en quelques années, le grand dauphin, le duc et la duchesse de Bourgogne et le duc de Berry.

Restée veuve à vingt ans, aimant son

père d'une tendresse presque égale à celle qu'il lui avait vouée, ayant à choisir entre la société de Versailles et celle du Palais-Royal, la duchesse de Berry, belle, jeune, ardente au plaisir, n'avait pas hésité ; elle avait partagé les fêtes, les plaisirs et même quelquefois les orgies du duc ; et soudain d'étranges calomnies sortant à la fois de Saint-Cyr et de Sceaux, venant de madame de Maintenon et de madame du Maine, s'étaient répandues sur les relations du père et de la fille. Le duc d'Orléans avec son insouciance ordinaire avait laissé ces bruits devenir ce qu'ils pouvaient, et ces bruits étaient devenus et sont restés de belles et bonnes accusations d'incestes, qui pour n'avoir aucun caractère historique aux yeux des hommes qui connaissent à fond cette époque, n'en sont pas moins une arme aux mains des gens qui ont intérêt à noircir la conduite de l'homme privé pour diminuer la grandeur de l'homme politique.

Ce n'était pas tout : par sa faiblesse sans cesse croissante, le duc d'Orléans avait encore accrédité ces bruits ; il avait donné à sa fille qui avait déjà six cent mille livres de rentes, quatre cent mille francs sur sa propre fortune, ce qui portait son revenu à un million, il lui avait en outre abandonné le Luxembourg. Il avait attaché une compagnie de gardes à sa personne ; enfin ce qui avait exaspéré les prôneurs de la vieille étiquette, il n'avait fait que hausser les épaules, lorsque la duchesse de Berry avait traversé Paris précédée de cymbales et de trompettes, ce qui avait scandalisé tous les honnêtes gens, et que rire, lorsqu'elle avait reçu l'ambassadeur vénitien sur un trône élevé de trois marches, ce qui avait manqué nous brouiller avec la république de Venise.

Il y avait plus, il était sur le point de lui accorder une autre demande non moins exorbitante qui certainement eût amené un soulèvement dans la noblesse, c'était un dais à l'Opéra, lorsque heureusement pour la tranquillité publique et malheusement pour le bonheur du régent, la duchesse de Berry s'était prise d'amour pour le chevalier de Riom.

Le chevalier de Riom était un cadet d'Auvergne, neveu ou petit-neveu du duc de Lauzun, qui était venu vers 1517 à

Paris pour chercher fortune et qui l'avait trouvée au Luxembourg; introduit près de la princesse par madame de Mouchy, dont il était l'amant, il n'avait pas tardé à exercer sur elle cette influence de famille que son oncle, le duc de Lauzun, avait cinquante ans auparavant exercée sur la grande Mademoiselle et bientôt il avait été déclaré amant en titre, malgré l'opposition de son prédécesseur Lahaie, qu'on avait alors envoyé comme attaché à l'ambassade de Danemarck.

La duchesse de Berry n'avait donc eu, de compte fait, que deux amants, ce qui on en conviendra, était presque de la vertu pour une princesse de ce temps-là. Lahaie qu'elle n'avait jamais avoué et Riom qu'elle proclamait tout haut. Ce n'était donc véritablement point une cause suffisante à l'acharnement avec lequel on poursuivait la pauvre princesse. Mais il ne faut point oublier que cet acharnement avait une autre cause que nous trouvons consignée non-seulement dans Saint-Simon, mais encore dans toutes les histoires de l'époque, c'est cette fatale promenade dans Paris avec cymbales et clairons, ce malheureux trône à trois marches sur lequel elle avait reçu l'ambassadeur de Venise, enfin cette exorbitante prétention, ayant déjà une compagnie de gardes, d'avoir encore un dais à l'Opéra.

Mais ce n'était pas cette indignation générale, soulevée par la princesse, qui avait fort ému contre sa fille le duc d'Orléans, c'était l'empire qu'elle avait laissé prendre à son amant : Riom, élève de ce même duc de Lauzun qui écrasait le matin la main de la princesse de Monaco avec le talon des bottes qu'il se faisait tirer le soir par la fille de Gaston d'Orléans, et qui avait, à l'endroit des princesses, donné à son neveu de terribles instructions que celui-ci avait suivies à la lettre. « Les filles de France, avait-il dit à Riom, veulent être menées, le *bâton haut*, » et Riom plein de confiance dans l'expérience de son oncle, avait en effet si bien dressé la duchesse de Berry, que celle-ci n'osait plus donner une fête sans son avis, paraître à l'Opéra sans sa permission, et mettre une robe sans son conseil.

Il en était résulté que le duc qui aimait fort sa fille, s'était pris pour Riom qui l'éloignait de lui, d'une haine aussi forte que celle que son caractère insoucieux lui permettait de ressentir. Sous prétexte de servir les vues de la duchesse, il avait donc donné un régiment à Riom, puis le gouvernement de la ville de Cognac, puis enfin l'ordre de se rendre dans son gouvernement, ce qui commençait pour toutes les personnes qui y voyaient un peu clair à changer sa faveur en disgrâce.

Aussi la duchesse ne s'y était pas trompée, elle était accourue au Palais-Royal, quoique relevant de couches, et là, elle avait prié et supplié son père, mais inutilement; puis alors elle l'avait boudé, grondé, menacé mais inutilement encore. Enfin elle était partie, menaçant le duc de toute sa colère, et lui affirmant que malgré son ordre Riom ne partirait pas.

Le duc, le lendemain matin, avait pour toute réponse réitéré à Riom l'ordre de partir, et Riom lui avait respectueusement fait dire qu'il obéissait à l'instant même.

En effet, le même jour qui était la veille de celui où nous sommes arrivés, Riom avait ostensiblement quitté le Luxembourg, et le duc d'Orléans avait été prévenu par Dubois lui-même, que le nouveau gouverneur, suivi de ses équipages, était parti à neuf heures du matin pour Cognac.

Tout cela s'était passé sans que le duc d'Orléans revit sa fille; aussi, lorsqu'il parlait de profiter de sa colère pour aller en finir avec elle, c'était bien plutôt un pardon qu'il allait lui demander, qu'une querelle qu'il allait lui faire.

Dubois, qui le connaissait, n'avait point été la dupe de cette prétendue résolution; mais Riom était parti pour Cognac; c'était tout ce que demandait Dubois. Il espérait, pendant l'absence, glisser quelque nouveau secrétaire de cabinet ou quelqu'autre lieutenant des gardes, qui effacerait le souvenir de Riom dans le cœur de la princesse. Alors, Riom recevrait l'ordre de rejoindre, en Espagne, l'armée du maréchal de Berwick, et il n'en serait plus davantage question qu'il n'était de Lahaie en Danemarck.

Tout cela n'était peut-être pas un projet bien moral; mais, aumoins, c'était un plan fort logique.

Nous ne savons pas si le ministre avait mis son maître de moitié dans ce plan.

Le carrosse s'arrêta devant le Luxemboug, qui était éclairé comme d'habitude. Le duc descendit et monta le perron avec sa vivacité ordinaire. Quant à Dubois, que la duchesse exécrait, il resta pelotonné dans un coin de la voiture.

Au bout d'un instant, le duc reparut à la portière le visage tout désappointé.

—Ah! ah! Monseigneur, dit Dubois,

est-ce que votre Altesse serait consignée par hasard?

— Non; mais la duchesse n'est point au Luxembourg.

— Et où est-elle, aux Carmélites?

— Elle est à Meudon.

— A Meudon! au mois de février et par un temps comme celui-ci. Monseigneur, cet amour de campagne me paraît suspect.

— Et à moi aussi, je te l'avoue, que diable peut-elle faire à Meudon.

— C'est facile à savoir.

— Comment cela?

— Allons à Meudon !

— Cocher, à Meudon, dit le régent en sautant dans la voiture. Vous avez vingt-cinq minutes pour y arriver.

— Je ferai observer à Monseigneur, dit humblement le cocher, que ses chevaux ont déjà fait dix lieues.

— Crevez-les; mais soyez à Meudon dans vingt-cinq minutes.

Il n'y avait rien à répondre à un ordre si explicite.

Le cocher enveloppa son attelage d'un énergique coup de fouet et les nobles bêtes, étonnées que l'on crut avoir besoin de recourir vis-à-vis d'elles à une pareille extrémité, repartirent d'un trot aussi rapide que si elles sortaient de l'écurie.

Pendant toute la route, Dubois fut muet et le régent préoccupé ; de temps en temps l'un ou l'autre jetait un regard investigateur sur le chemin ; mais le chemin n'offrait aucune chose qui fut digne d'attirer l'attention du régent et de son ministre ; et l'on arriva à Meudon, sans que rien pût guider le duc dans le dédale de pensées contradictoires où il était plongé.

Cette fois, tous deux descendirent, l'explication entre le père et la fille pouvait être longue, et Dubois désirait en entendre la fin dans un endroit plus commode qu'une voiture.

Sous le perron, ils trouvèrent le suisse en grande livrée. Comme le duc était enveloppé de sa redingotte fourrée et Dubois de son manteau, il les arrêta. Le duc, alors, se fit reconnaître.

— Pardon, dit le suisse ; mais j'ignorais qu'on attendît Monseigneur.

— C'est bien, dit le duc ; attendu ou non, j'arrive. Faites prévenir la princesse par un valet de pied.

— Monseigneur est donc de la cérémonie ? demanda le suisse qui paraissait visiblement embarrassé, enfermé qu'il était sans doute dans une consigne sévère.

— Eh ! sans doute, que Monseigneur est de la cérémonie, répondit Dubois, coupant la parole au duc d'Orléans, qui allait demander de quelle cérémonie il était question ; et moi aussi, j'en suis.

— Alors, je vais faire conduire Monseigneur directement à la chapelle ?

Dubois et le duc se regardèrent en hommes qui n'y comprennent plus rien.

— A la chapelle? demanda le duc.

— Oui, Monseigneur ; car la cérémonie est commencée depuis près de vingt minutes.

— Ah çà! dit le régent en se penchant vers l'oreille de Dubois, est-ce que celle-ci aussi se fait religieuse ?

— Monseigneur, dit Dubois, gageons bien plutôt qu'elle se marie ?

— Mille dieux! s'écria le régent, il ne manquerait plus que cela.

Et il s'élança sur l'escalier, suivi de Dubois.

— Monseigneur ne veut donc pas que je le fasse conduire ? dit le suisse.

— C'est inutile, cria le régent, déjà en haut de l'escalier, je sais le chemin.

Effectivement, avec cette agilité si étonnante dans un homme de sa corpulence, le régent traversait chambres et corridors, suivi de Dubois, qui cette fois prenait à l'aventure ce diabolique intérêt de la curiosité, qui faisait de lui le Méphistophélès de cet autre chercheur de l'inconnu, qu'on appelait non pas Faust, mais Philippe d'Orléans.

Ils arrivèrent ainsi à la porte de la chapelle, qui paraissait fermée, mais qui s'ouvrit au premier effort qu'ils firent pour la pousser.

Dubois ne s'était pas trompé dans ses conjectures.

Riom, revenu en cachette, après être parti ostensiblement, était avec la princesse à genoux devant l'aumônier particulier de madame la duchesse de Berry; tandis que M. de Pons, parent de Riom et le marquis de La Rochefoucault, capitaine des gardes de la princesse, tenaient le poële sur leur tête; MM. de Mouchy et de Lauzun se tenaient l'un à la gauche de la duchesse, l'autre à la droite de Riom.

— Décidément la fortune est contre nous, Monseigneur, dit Dubois; nous sommes arrivés trop tard de deux minutes.

— Mordieu! s'écria le duc exaspéré en faisant un pas vers le chœur, c'est ce que nous verrons.

— Chut, Monseigneur, dit Dubois, en ma qualité d'abbé, c'est à moi de vous empêcher de comettre un sacrilége. Ah ! s'il était utile, je ne dis pas, mais celui-ci serait en pure perte.

— Ah çà, mais il sont donc mariés, demanda le duo, se reculant sous l'attraction de Dubois, à l'ombre d'une colonne.

— Tout ce qu'il y a de plus mariés, Monseigneur, et maintenant le diable lui-même ne les démarierait pas sans l'assistance du Saint-Père.

— Eh bien ! j'écrirai à Rome, dit le duc.

— Gardez-vous en bien ! Monseigneur ! s'écria Dubois, n'usez pas votre crédit pour une pareille chose, vous en aurez

besoin quand il sera question de me faire
nommer cardinal.

— Mais, dit le régent, une pareille mésalliance est intolérable.

— Les mésalliances sont fort à la mode,
dit Dubois, et l'on n'entend parler que de
cela aujourd'hui : Sa Majesté Louis XIV
s'est mésallié en épousant madame de
Maintenon, à laquelle vous faites encore
une pension comme à sa veuve. La grande
Mademoiselle s'est mésalliée en épousant
M. de Lauzun. Vous vous êtes mésallié en
épousant mademoiselle de Blois, et à telle
enseigne, que lorsque vous avez annoncé
ce mariage à la princesse Palatine votre
mère, elle vous a répondu par un soufflet.
Enfin, moi-même, Monseigneur, ne m'étais-je pas mésallié en épousant la fille

du maître d'école de mon village. Vous voyez bien, Monseigneur, qu'après tant d'augustes exemples, la princesse votre fille peut bien se mésallier à son tour.

— Tais-toi, démon, dit le régent.

— D'ailleurs, continua Dubois, voyez-vous, Monseigneur, les amours de madame la duchesse de Berry commençaient à faire, grâce aux criailleries de l'abbé de Saint-Sulpice, plus de bruit qu'il ne convient ; c'était un scandale public, que ce mariage secret qui sera connu demain de tout Paris va faire cesser, personne n'aura plus rien à dire, ni vous non plus ; décidément, Monseigneur, votre famille se range.

Le duc d'Orléans fit entendre une imprécation terrible, à laquelle Dubois répondit par un de ces ricanements que Méphistophélès lui eut enviés.

— Silence, là-bas, cria le suisse qui ignorait qui faisait ce bruit et qui voulait que les époux ne perdissent pas un mot de la pieuse exhortation que leur faisait l'aumônier.

— Silence donc, Monseigneur, répéta Dubois, vous voyez bien que vous troublez la cérémonie.

— Tu vas voir, reprit le duc, que si nous ne nous taisons pas, elle va nous faire mettre à la porte.

— Silence donc, répéta le suisse en frappant la dalle du chœur de sa hallebarde, tandis que la duchesse de Berry, envoyait M. de Mouchy savoir qui causait ce scandale.

M. de Mouchy obéit aux ordres de la princesse, et apercevant dans l'ombre deux personnes qui semblaient se cacher, il s'approcha des interrupteurs, la tête haute, d'un pas hardi.

— Qui donc fait ce bruit, dit-il, et qui vous a permis, Messieurs, d'entrer dans la chapelle.

— Celui qui aurait bonne envie de vous en faire sortir tous par la fenêtre, répondit le régent, mais qui se contente pour le moment de vous charger de donner l'ordre à M. de Riom de repartir à l'instant même pour Cognac, et d'intimer à la duchesse de Berry la défense de se représenter jamais au Palais-Royal.

Et à ces mots le régent sortit en faisant signe à Dubois de le suivre, et en laissant le duc de Mouchy et son gros ventre altérés de cette apparition.

— Au Palais-Royal, dit le prince en s'élançant dans sa voiture.

— Au Palais-Royal, reprit vivement Dubois, non pas, Monseigneur, vous oubliez vos conventions ; je vous ai suivi, à la condition que vous me suivriez à votre tour. Cocher, au faubourg Saint-Antoine.

— Va-t'en au diable je n'ai pas faim.

— Soit, votre Altesse ne mangera pas.

— Je ne suis pas entrain de m'amuser.

— Soit, votre Altesse ne s'amusera pas.

— Et que ferai-je alors, si je ne mange ni ne m'amuse.

— Votre Altesse verra manger et s'amuser les autres, voilà tout.

— Que veux-tu dire ?

— Je veux dire que Dieu est entrain de faire des miracles pour vous, Monseigneur, et que comme la chose ne lui arrive pas tous les jours, il ne faut pas abandonner la partie en si beau chemin, nous en avons déjà vu deux ce soir; nous allons assister à un troisième.

— A un troisième ?

— Oui, *numero deus impare gaudet*; le nombre impair plaît à Dieu, j'espère que vous n'avez pas oubliez votre latin, Monseigneur?

— Explique-toi, voyons, dit le régent dont l'humeur n'était pas pour le moment tournée le moins du monde à la plaisanterie ; tu es assez laid, certainement, pour te poser en sphinx, mais moi je ne suis pas assez jeune pour jouer le rôle d'Œdipe.

— Eh bien, je disais donc, Monseigneur, qu'après avoir vu vos deux filles qui étaient trop folles, faire leur premier pas vers la sagesse, vous allez voir votre fils qui était trop sage, faire son premier pas vers la folie.

— Mon fils Louis ?

— Votre fils Louis, en personne, il se dégourdit, cette nuit même, Monseigneur, et c'est à ce spectacle si flatteur pour l'orgueil d'un père, que je vous ai convié.

Le duc secoua la tête d'un air de doute.

— Oh! secouez la tête tant que vous voudrez, Monseigneur, cela est ainsi, dit Dubois.

— Et de quelle façon se dégourdit-il? demanda le régent.

— De toutes les façons, Monseigneur, et c'est le chevalier de M***, que j'ai chargé de lui faire faire ses premières armes, il soupe à cette heure en partie carrée avec lui et deux femmes.

— Et quelles sont les femmes? demanda le régent.

— Je n'en connais qu'une, le chevalier s'est chargé d'amener l'autre.

— Et il y a consenti?

— A belles baise-mains.

— Sur mon âme, Dubois, dit le duc, je crois que si tu avais vécu du temps du roi Saint-Louis, tu aurais fini par le mener chez la Fillon de l'époque.

Un sourire de triomphe passa sur la figure de singe de Dubois.

— Voilà, Monseigneur, continua-t-il, vous vouliez que M. Louis tirât une fois l'épée, comme vous le faisiez autrefois et comme vous avez encore la rage de le faire aujourd'hui. Mes précautions sont prises pour cela.

— Vraiment?

— Oui, le chevalier de M*** lui cher-

chera, en soupant, une bonne petite querelle d'allemand, rapportez-vous en à lui, pour cela. Vous vouliez que M. Louis courut quelque bonne chance amoureuse ; s'il résiste à la syrène que je lui ai lâchée, c'est un Saint-Antoine.

— C'est toi qui l'as choisie ?

— Comment donc, Monseigneur, quand il s'agit de l'honneur de votre famille, Votre Altesse sait que je ne m'en rapporte qu'à moi. A cette nuit donc l'orgie, à demain matin le duel. Et demain soir au moins notre néophyte pourra signer Louis d'Orléans, sans compromettre la réputation de son auguste père, car on verra que le jeune homme est de votre sang, ce dont, le diable m'emporte! à la singulière conduite qu'il mène, on serait tenté de douter.

— Dubois, tu es un misérable, dit le duc en riant pour la première fois depuis qu'il avait quitté Chelles, et tu vas perdre le fils comme tu as perdu le père.

— Tant que vous voudrez, Monseigneur, répondit Dubois, il faut qu'il soit prince, oui ou non, qu'il soit homme ou qu'il soit moine, qu'il se décide à l'un ou à l'autre parti, il en est temps, vous n'avez qu'un fils Monseigneur, un fils qui a bientôt seize ans, un fils que vous n'envoyez pas à la guerre sous prétexte qu'il est votre fils unique, et en réalité, parce que vous ne savez pas comment il s'y conduirait.

— Dubois! dit le Régent.

— Eh bien! demain, Monseigneur, nous serons fixés.

— Pardieu! la belle affaire, dit le régent.

— Ainsi, reprit Dubois, vous croyez qu'il s'en tirera à son honneur.

— Ah çà, maraud, sais-tu bien que tu finis par m'insulter, il semble que ce soit une chose véritablement impossible que de rendre amoureux un homme de mon sang et un miracle bien extraordinaire que de faire mettre l'épée à la main à un prince de mon nom. Dubois, mon ami, tu es né abbé et tu mourras abbé.

— Non pas! non pas, Monseigneur, s'écria Dubois, peste, je prétends à mieux que cela.

Le régent se mit à rire.

— Au moins tu as une ambition, toi, ce

n'est pas comme cet imbécile de Louis qui ne désire rien, et cette ambition me divertit plus que tu ne peux te l'imaginer.

— Vraiment, dit Dubois, je ne croyais pas cependant être si bouffon.

— Eh bien c'était de la modestie, car tu es la plus amusante créature de la terre, quand tu n'en es pas la plus perverse, aussi je te jure que le jour où tu seras archevêque.

— Cardinal! Monseigneur.

— Ah! c'est cardinal que tu veux être?

— En attendant que je sois pape.

— Bon, eh bien! ce jour-là, je te le jure.

— Le jour où je serai pape.

— Non; le jour où tu seras Cardinal, on rira bien au Palais-Royal, je te jure.

— On rira bien autrement dans Paris, allez Monseigneur; mais comme vous l'avez dit, je suis parfois bouffon et je veux faire rire, voilà pourquoi je tiens à être cardinal.

Et comme Dubois manifestait cette prétention, le carrosse cessa de rouler.

III

Le Rat et la Souris.

Le carrosse s'était arrêté dans le faubourg Saint-Antoine, devant une maison masquée par un grand mur derrière lequel montaient plusieurs peupliers, comme pour cacher cette maison aux murs eux-mêmes.

— Tiens, dit le régent, c'est de ce côté

ce me semble que se trouve la petite maison de Nocé.

— Justement, Monseigneur a bonne mémoire, je la lui ai empruntée pour cette nuit.

— Et as-tu bien fait les choses au moins, Dubois, le souper est-il digne d'un prince du sang?

— Je l'ai commandé moi-même. Ah! M. Louis ne manquera de rien, il est servi par les laquais de son père, il est traité par le cuisinier de son père, il fait l'amour à la...

— A la quoi?...

— Vous le verrez vous-même, il faut bien que je vous laisse une surprise, que que diable!

— Et les vins?

— Des vins de votre propre cave, Monseigneur, j'espère que ces liqueurs de famille empêcheront le sang de mentir, car il ment depuis trop longtemps déjà.

— Tu n'as pas eu tant de peine à faire parler le mien, n'est-ce pas, corrupteur.

— Je suis éloquent, Monseigneur, mais il faut convenir que vous étiez tendre. Entrons.

— Tu as donc la clé?

— Pardieu!

Et Dubois tira de sa poche une clé qu'il fourra discrètement dans la serrure, la porte tourna sans bruit sur ses gonds et se referma sur le duc et sur son ministre, sans avoir poussé le moindre cri, c'était une véritable porte de petite maison, connaissant son devoir vis-à-vis des grands seigneurs qui lui faisaient l'honneur de franchir son seuil.

On vit aux persiennes fermées quelques reflets de lumière, et les laquais en sentinelles dans le vestibule, apprirent aux illustres visiteurs que la fête était commencée.

— Tu triomphes, l'abbé! dit le régent.

— Plaçons-nous vîte, Monseigneur, répondit Dubois, j'avoue que j'ai hâte de voir comment M. Louis s'en tire.

— Et moi aussi, dit le régent.

— Alors suivez-moi, et pas un mot.

Le régent suivit en silence Dubois dans un cabinet qui, par une grande ouverture ceintrée, communiquait avec la salle à manger : cette ouverture était remplie de fleurs à travers les tiges desquelles on pouvait parfaitement voir et entendre les convives.

— Ah! ah! dit le régent, en reconnaissant le cabinet, je suis en pays de connaissance.

—Plus que vous ne croyez, Monseigneur, mais n'oubliez pas que quelque chose que vous voyiez ou que vous entendiez, il faut vous taire, ou du moins parler bas.

— Sois tranquille.

Tous deux s'approchèrent de l'ouverture qui donnait sur la salle du festin, s'agenouillèrent sur un canapé et écartèrent les fleurs pour ne rien perdre de ce qui allait se passer.

Le fils du régent, âgé de quinze ans et demi, était assis dans un fauteuil et faisait justement face à son père, de l'autre côté de la table, et tournant le dos aux deux curieux, était le chevalier de M***, deux femmes d'une parure plus éblouissante que réservée, complétaient la partie carrée promise par Dubois au régent, l'une était assise à côté du jeune prince, l'autre à côté du chevalier.

L'amphytrion qui ne buvait pas, pérorait ; la femme qui était près de lui faisait la moue et quand elle ne faisait pas la moue, bâillait.

— Ah ! çà, dit en essayant de reconnaître la femme placée en face de lui, le duc qui était myope, il me semble que je connais cette figure-là.

Et il lorgna la femme avec plus d'attention encore. Dubois riait sous cape.

— Mais voyons donc, continua le régent, une femme brune avec des yeux bleus.

— Une femme brune avec des yeux bleus, reprit Dubois. Allez, Monseigneur.

— Cette taille ravissante, ses mains effilées.

— Allez toujours.

— Ce petit museau rose.

— Encore, allez.

— Mais, corbleu, je ne me trompe pas, c'est la Souris !

— Allons donc.

— Comment scélérat, tu as été justement choisir la Souris !

— Une fille des plus ravissantes, Monseigneur, une nymphe d'Opéra, il m'a semblé que c'était ce qu'il y avait de mieux pour dégourdir un jeune homme.

— C'était donc là la surprise que tu me ménageais, quand tu m'as dit qu'il était servi par les laquais de son père, qu'il buvait les vins de son père et qu'il faisait l'amour à la...

— A la maîtresse de son père, oui, Monseigneur, c'est bien cela.

— Mais malheureux, s'écria le duc, c'est presque un inceste que tu as fais là.

—Bah ! dit Dubois, puisqu'on le lance...

— Et la drôlesse accepte de ces parties-là.

— C'est son état, Monseigneur.

— Et avec qui croit-elle être?

— Avec un gentilhomme de province qui vient manger sa légitime à Paris.

— Quelle est sa compagne?

— Ah! quant à cela, je n'en sais absolument rien. Le chevalier de M*** s'est chargé de compléter la partie.

En ce moment, la femme qui était assise près du chevalier croyant entendre chuchotter derrière elle, se retourna.

— Eh! mais, s'écria Dubois stupéfait à son tour, je ne me trompe pas.

— Quoi?

— L'autre femme.

— Eh bien! l'autre femme, demanda le duc.

La jolie convive se retourna de nouveau.

— C'est Julie, s'écria Dubois. La malheureuse!

— Ah! pardieu, dit le duc, voilà qui rend la chose tout-à-fait complète, ta maîtresse et la mienne. Parole d'honneur je donnerais bien des choses pour pouvoir rire à mon aise.

— Attendez, Monseigneur, attendez.

— Eh bien! es-tu fou. Que diable vas-tu faire Dubois. Je t'ordonne de rester. Je suis curieux de voir comment tout cela finira.

— Je vous obéis, Monseigneur, dit Dubois, mais je vous déclare une chose.

— Laquelle?

— C'est que je ne crois plus à la vertu des femmes!

— Dubois, dit le régent en se renversant sur le canapé pendant que Dubois en faisait autant; tu es adorable, ma parole d'honneur, laisse-moi rire ou j'étouffe.

— Ma foi, Monseigneur, rions, dit Dubois, mais rions doucement, vous avez raison; il faut voir comment cela finira.

Et tous deux rirent le plus silencieusement qu'ils purent, après quoi ils reprirent à leur observatoire la place qu'ils avaient un instant abandonnée.

La pauvre Souris bâillait à se démonter la mâchoire.

— Savez-vous, Monseigneur, dit Dubois, que M. Louis n'a pas l'air étourdi du tout.

— C'est-à-dire que l'on croirait qu'il n'a pas bu.

— Et ces bouteilles vides que nous voyons là-bas, est-ce que vous croyez qu'elles ont fui toutes seules.

— Tu as raison, mais néanmoins, il est bien grave le gentilhomme.

— Ayez donc patience, tenez il s'anime, écoutez, il va parler.

En effet, le jeune duc se levant de son fauteuil, repoussa de la main la bouteille que lui tendait la Souris.

— J'ai voulu voir dit-il sentencieusement ce que c'est qu'une orgie, je l'ai vu, et me déclare tant soit peu satisfait, un sage l'a dit : — *Ebrietas omne vitium deliquit.*

— Que diable chante-t-il là ? dit le duc.

— Cela va mal, murmura Dubois.

— Comment ! Monsieur, s'écria la voisine du jeune duc avec un sourire qui fit briller une rangée de dents plus jolies que des perles, comment, vous n'aimez pas à souper.

— Je n'aime plus manger ni boire, répondit M. Louis, quand je n'ai plus ni faim ni soif.

— Le sot, murmura le régent.

Et il se retourna vers Dubois qui se mordait les lèvres.

Le compagnon de M. Louis se mit à rire et lui dit.

— Vous exceptez je l'espère de cette société nos charmantes convives.

— Que voulez vous dire, Monsieur ?

— Ah ! ah ! il se fâche, dit le régent ; bon !

— Bon, reprit Dubois.

— Je veux dire, Monsieur, répondit le chevalier, que vous ne ferez pas l'injure à ces dames de leur témoigner votre peu d'empressement à jouir de leur compagnie en vous retirant ainsi.

— Il se fait tard, Monsieur, dit Louis d'Orléans.

— Bah ! reprit le chevalier, il n'est pas encore minuit.

— Eh puis, reprit le duc, cherchant une excuse... et puis... je suis fiancé à quelqu'un.

Les dames éclatèrent de rire.

— Quel animal, murmura Dubois.

— Eh bien ! fit le régent.

— Ah ! c'est vrai, j'oubliais, pardon, Monseigneur.

— Mon cher, dit le chevalier, vous êtes province à faire frémir.

— Ah çà, demanda le régent, comment diable ! ce jeune homme parle-t-il ainsi à un prince du sang ?

—Il est censé ne pas savoir qui il est et le croire un simple gentilhomme; d'ailleurs je lui ai dit de le pousser.

— Pardon, Monsieur, reprit le jeune prince, vous parlez je crois? et comme Madame me parlait en même temps, je n'ai pas entendu ce que vous me disiez.

— Et vous voulez que je répète ce que j'ai dit, répondit en ricanant le jeune homme?

— Vous me ferez plaisir.

— Eh bien! je disais que vous étiez province à faire frémir.

— Je m'en applaudis, Monsieur, si cela doit me distinguer de certains airs parisiens de ma connaissance, répondit M. Louis.

— Allons, allons, pas mal riposté, dit le duc.

— Peuh !... fit Dubois.

— Si c'est pour moi que vous dites cela, Monsieur, je vous répondrai que vous n'êtes pas poli, ce qui ne serait encore rien, vis-à-vis de moi, à qui vous pouvez rendre raison de votre impolitesse, mais ce qui n'a point d'excuse près de ces dames.

— Ton provocateur va trop loin, l'abbé, dit le régent inquiet, et tout-à-l'heure, ils vont se couper la gorge.

— Eh bien ! nous les arrêterons, reprit Dubois.

Le jeune prince ne sourcilla point, mais se levant et faisant le tour de la table, il s'approcha de son compagnon de débauche, et lui parla à demi-voix.

— Vois-tu? dit à Dubois le régent ému; prenons-garde l'abbé; que diable! je ne veux pas qu'on me le tue.

Mais Louis se contenta de dire au jeune homme.

— La main sur la conscience, Monsieur, est-ce que vous vous amusez ici, quant à moi, je vous déclare que je m'ennuie horriblement, si nous étions seuls,- je vous parlerais d'une question assez importante qui m'occupe en ce moment, c'est sur le sixième chapitre des confessions de saint Augustin.

— Comment! Monsieur, dit le chevalier avec un air de stupéfaction qui pour cette fois n'était aucunement joué, vous vous occupez de religion? c'est tôt, ce me semble...

—Monsieur, dit doctoralement le prince, il n'est jamais trop tôt pour songer à son salut.

Le régent poussa un profond soupir, Dubois se gratta le bout du nez.

— Foi de gentilhomme, dit le prince, c'est déshonorant pour la race, les femmes vont s'endormir.

—Attendons, dit Dubois, peut-être si elles s'endorment, s'enhardira-t-il.

— Ventre-bleu! dit le régent, s'il avait dû s'enhardir, ce serait déjà fait, elle lui a lancé des œillades à ressusciter un mort,... et tiens, regarde, renversée comme elle l'est sur ce fauteuil, n'est-elle pas charmante?

— Tenez, dit Louis, il faut que je vous

consulte là-dessus, saint Jérôme prétend que la grâce n'est réellement efficace que lorsqu'elle arrive par la contrition.

— Le diable vous emporte, s'écria le gentilhomme, si vous aviez bu, je dirais que vous avez le vin mauvais.

— Cette fois-ci, Monsieur, reprit le jeune prince, ce sera mon tour de vous faire observer que c'est vous qui êtes impoli et je vous répondrais sur le même ton, si ce n'était pêcher que de prêter l'oreille aux injures, mais Dieu merci, je suis meilleur chrétien que vous.

— Quand on soupe dans une petite maison, reprit le chevalier, il ne s'agit pas d'être bon chrétien, mais bon convive, foin de votre société, j'aimerais mieux saint Augustin lui-même, fut-ce après sa conversion.

Le jeune duc sonna, un laquais se présenta.

Reconduisez et éclairez Monsieur, dit-il d'un air de prince, quant à moi, je partirai dans un quart d'heure, chevalier avez-vous votre voiture.

— Non, ma foi.

— En ce cas-là, disposez de la mienne, dit le jeune duc ; désespéré de ne pouvoir cultiver votre connaissance, mais je vous l'ai dit, vos goûts ne sont pas les miens, d'ailleurs, je retourne dans ma province.

— Pardieu ! dit Dubois, il serait curieux qu'il renvoyât son convive, pour rester seul avec les deux femmes.

— Oui, dit le duc, cela serait curieux, mais cela n'est pas.

En effet, pendant que le duc et Dubois échangeaient quelques mots, le chevalier s'était retiré et Louis d'Orléans resté seul avec les deux femmes, véritablement endormies, ayant tiré de la poche de son habit un gros rouleau de papier et de celle de sa veste un petit crayon de vermeil, se mit à faire des annotations en marge, avec une ardeur toute théologique, au milieu des plats encore fumants et des bouteilles à moitié vides.

— Si ce prince là fait jamais ombrage à la branche aînée, dit le régent, j'aurai bien du malheur, qu'on dise maintenant que j'élève mes enfants dans l'espoir du trône.

— Monseigneur, dit Dubois, je vous jure que j'en suis malade.

— Ah! Dubois, ma fille cadette janséniste, ma fille aînée philosophe, mon fils unique théologien ; je suis endiablé, Dubois, ma parole d'honneur, si je ne me retenais, je ferais brûler tous ces êtres malfaisants.

— Prenez garde, Monseigneur, si vous les faites brûler, on dira que vous continuez le grand roi et la Maintenon.

— Qu'ils vivent donc ! mais comprends-tu Dubois ? ce niais qui écrit déjà des in-folios, c'est à en perdre la tête, tu verras que quand je serai mort, il fera brûler mes gravures de Daphnis et de Chloé par le bourreau.

Pendant dix minutes à peu près, Louis d'Orléans continua ses annotations, puis, lorsqu'il eut fini, il remit précieusement le manuscrit dans la poche de son habit et se versa un grand verre d'eau, trempa dedans une croûte de pain, fit dévotieusement sa petite prière et savoura avec une espèce de volupté ce souper d'Anachorète.

— Des macérations, murmura le régent au désespoir, mais je te le demande Dubois, qui diable lui a donc appris cela ?

— Ce n'est pas moi, Monseigneur, dit Dubois, quant à cela, je vous en réponds.

Le prince se leva et sonna de nouveau.

— La voiture est-elle de retour ? demanda-t-il au laquais.

— Oui, Monseigneur.

— C'est bien, je m'en vais, quant à ces dames vous voyez qu'elles dorment : quand elles s'éveilleront, vous vous mettrez à leurs ordres.

Le laquais s'inclina, et le prince sortit du pas d'un archevêque qui donne sa bénédiction.

— La peste t'étouffe, de m'avoir fait assister à un pareil spectacle, dit le régent au désespoir.

— Heureux père, répondit Dubois, trois fois heureux père que vous êtes, Monseigneur ; vos enfants se font canoniser d'instincts, et l'on calomnie cette sainte famille ? par mon chapeau de Cardinal, je voudrais que les princes légitimés fussent ici !

— Eh bien! dit le régent, je leur montrerais comment un père répare les torts de son fils... Viens, Dubois.

— Je ne vous comprends pas, Monseigneur.

— Dubois, le diable m'emporte, la contagion te gagne.

— Moi?

— Oui, toi!.. Il y a là un souper dressé à manger... il y a là du vin débouché à boire... il y a là deux femmes endormies à réveiller... et tu ne comprends pas! Dubois, j'ai faim, Dubois, j'ai soif; entrons et reprenons les choses où cet imbécile-là les a laissées. Comprends-tu, maintenant?

— Ma foi, c'est une idée, cela, dit Dubois en se frottant les mains; et vous êtes le seul homme, Monseigneur, qui soyez toujours à la hauteur de votre réputation.

Les deux femmes dormaient toujours. Dubois et le régent quittèrent leur cachette et entrèrent dans la salle à manger. Le prince alla s'asseoir à la place de son fils et Dubois à celle du chevalier.

Le régent coupa les fils d'une bouteille de vin de champagne, et le bruit que fit le bouchon, en sautant, réveilla les deux dormeuses.

— Ah! vous vous décidez donc enfin à boire? dit la Souris.

— Et toi à te réveiller, répondit le duc.

Cette voix frappa l'oreille de la pauvre femme, comme eût fait une secousse électrique; elle se frotta les yeux comme si elle n'eut pas été bien sûre d'être éveillée, se leva à demi, et reconnaissant le régent, retomba sur son fauteuil, en prononçant deux fois le nom de Julie.

Quant à celle-ci, elle était comme fascinée par le regard railleur et la tête grimaçante de Dubois.

— Allons, allons, la Souris, dit le duc, je vois que tu es bonne fille, tu m'as donné la préférence; je t'ai fait inviter par Dubois à souper; tu avais mille affaires à droite et à gauche, et cependant tu as accepté.

La compagne de la Souris, plus effarouchée qu'elle encore, regardait Dubois, le prince, et son amie rougissait et perdait contenance.

— Qu'avez-vous donc, mademoiselle Julie, demanda Dubois ; est-ce que Monseigneur se tromperait, et seriez-vous par hasard venues pour d'autres que pour nous ?

— Je ne dis pas cela, répondit mademoiselle Julie.

La Souris se mit à rire.

— Si c'est Monseigneur, dit-elle, qui nous a fait venir; il le sait bien, et n'a pas de question à faire ; si ce n'est pas lui, il est indiscret, et alors je ne réponds pas.

— Eh bien! quand je te le disais, l'abbé, s'écria le duc en riant comme par secousse, quand je te le disais, que c'était une fille d'esprit!

— Et moi, Monseigneur, dit Dubois, en versant à boire à ces demoiselles, et en effleurant un verre de vin de champagne de ses lèvres, quand je vous disais que le vin était excellent.

— Voyons, la Souris, dit le régent, est-ce que tu ne le reconnais pas ce vin?

— Ma foi, Monseigneur, dit la danseuse, il en est du vin comme des amants.

— Oui, je comprends, tu ne peux pas avoir la mémoire assez large. Décidément, Souris, tu es non-seulement la plus brave, mais encore la plus honnête fille que je connaisse. Ah! tu n'es pas hypocrite, toi, continua le duc en poussant un soupir.

— Eh bien! Monseigneur, reprit la Souris, puisque vous le prenez comme cela...

— Eh bien! quoi?

— C'est moi qui vais vous interroger.

— Interroge, je répondrai.

— Vous connaissez-vous en rêves, Monseigueur?

— Je suis devin.

— Alors, vous pouvez m'expliquer le mien?

— Mieux que personne, Souris. D'ailleurs, si je restais court dans mon explication, voilà l'abbé qui me compte deux millions par ans pour certaines dépenses particulières qui ont pour but de connaître les bons et les mauvais rêves que l'on fait dans mon royaume.

— Eh bien !

— Eh bien ! si je restais court, l'abbé achèverait. Dis donc ton rêve.

— Monseigneur, vous savez que lasse de vous attendre, Julie et moi, nous nous étions endormies ?

— Oui, je sais cela, vous vous en donniez même à cœur joie quand nous sommes entrés.

— Eh bien ! Monseigneur, non seulement je dormais, mais encore je rêvais.

— Vraiment !

— Oui, Monseigneur; je ne sais pas si Julie rêvait ou ne rêvait pas; mais quant à moi, voilà ce que je croyais voir :

— Écoute, Dubois; cela m'a l'air de devenir intéressant?

— A la place où est monsieur l'abbé, se trouvait un officier dont je ne m'occupais pas; il me semblait qu'il était là pour Julie.

— Vous entendez, Mademoiselle, dit Dubois; voilà une terrible accusation que l'on porte contre vous.

Julie, qui n'était pas forte et que par opposition à la Souris, dont elle partageait ordinairement les excursions amoureuses, on avait nommée le rat, au lieu de répondre se contenta de rougir.

— Et à ma place, demanda le duc, qu'y avait-il, voyons?

— Ah! voilà justement où j'en voulais venir, dit la Souris; à la place où était Monseigneur, il y avait, dans mon rêve toujours...

— Parbleu! dit le duc, c'est entendu!

— Il y avait un beau jeune homme de quinze à seize ans; mais si singulier, qu'on eût dit une jeune fille, si ce n'est qu'il parlait latin.

— Ah! ma pauvre Souris, s'écria le duc, que me dis-tu là.

— Enfin, après une heure de conversations théologiques, de dissertations des plus intéressantes sur Saint-Jérôme et Saint-Augustin, d'aperçus extrêmement lumineux sur Jansénius, ma foi, Monseigneur je l'avoue, il me sembla, dans mon rêve toujours, que je m'endormais.

— De sorte que dans ce moment-ci, reprit le duc, tu rêves que tu rêves?

— Oui, et cela me paraît si compliqué, que, ma foi, curieuse d'avoir une explication, ne pouvant arriver à me la donner à moi-même, jugeant qu'il est inutile de la demander à Julie, je m'adresse à vous, Monseigneur, qui êtes un grand devin; vous me l'avez dit vous-même, pour obtenir cette explication...

—Souris, dit le duc, en versant de nouveau à boire à sa voisine, goûte sérieusement le vin; je crois que tu as calomnié ton palais.

— En effet, Monseigneur, reprit la Souris après avoir vidé son verre; ce vin me rappelle certain vin que je n'avais encore bu...

— Qu'au Palais-Royal?

— Ma foi, oui?

— Eh bien! si tu n'as bu de ce vin qu'au Palais-Royal, c'est qu'il n'y en a que là, n'est-ce pas? Tu es assez répandue dans le monde, pour rendre cette justice à ma cave.

— Oh! je la lui rends hautement et de grand cœur.

— Or, s'il n'y a de ce vin-là qu'au Palais-Royal, c'est donc moi qui ai envoyé ce vin-là ici.

— Vous, Monseigneur?

— Moi ou Dubois, enfin; tu sais bien qu'outre la clé de la bourse, il a encore la clé de la cave.

— La clé de la cave, cela se peut, dit mademoiselle Julie, qui se décidait enfin à hasarder une parole; mais celle de la bourse, on ne s'en douterait guère.

— Entends-tu, Dubois? s'écria le régent.

— Monseigneur, dit l'abbé, comme votre Altesse a pu le remarquer, l'enfant ne parle pas souvent; mais quand elle parle par hasard, c'est comme Saint-Jean Bouche-d'Or, par sentences.

— Et si j'ai envoyé ce vin là ici, ce ne peut-être que pour un duc d'Orléans !

— Mais il y en a deux? dit la Souris.

— Oui-dà! fit le régent.

— Le fils et le père : Louis d'Orléans, Philippe d'Orléans.

— Tu brûles, la Souris, tu brûles.

— Comment! s'écria la danseuse, en se renversant sur son fauteuil et en éclatant de rire ; comment, ce jeune homme, cette jeune fille, ce théologien, cette janséniste?..

— Va donc.

— Que je voyais dans mon rêve.

— Oui.

— Là, à votre place ?

— A l'endroit même où me voilà.

— C'est Monseigneur Louis d'Orléans.

— En personne.

— Ah ! Monseigneur, reprit la Souris, que votre fils ne vous ressemble guère, et que je suis bien aise de m'être réveillée.

— Ce n'est pas comme moi, dit Julie.

— Eh bien ! quand je vous le disais, Monseigneur, s'écria Dubois. Julie, mon enfant, continua l'abbé, tu vaux ton pesant d'or.

— Alors, dit le régent, tu m'aimes donc toujours, Souris ?

— Le fait est que j'ai un faible pour vous, Monseigneur.

— Malgré tes rêves.

— Oui Monseigneur, et même quelquefois à cause de mes rêves.

— Ce n'est pas bien flatteur si tous tes rêves ressemblent à celui de ce soir.

— Ah! je prie Votre Altesse de croire que je n'ai pas le cauchemar toutes les nuits.

Et sur cette réponse qui confirma encore Son Altesse Royale dans son opinion, que la Souris était décidément une fille d'esprit, le souper interrompu recommença de plus belle et dura jusqu'à trois heures du matin.

A laquelle heure, le régent ramena la Souris au Palais-Royal, dans le carrosse de son fils, tandis que Dubois reconduisait Julie chez elle dans la voiture de Monseigneur.

Mais avant de se coucher, le régent qui n'avait que difficilement vaincu la tristesse, que toute la soirée il avait essayé de combattre, écrivit une lettre et sonna son valet de chambre.

— Tenez, lui dit-il, veillez à ce que cette lettre parte ce matin-même par un courrier extraordinaire, et ne soit remise qu'en main propre.

Cette lettre était adressée à madame *Ursule, supérieure des Ursulines de Clisson.*

IV

Ce qui se passait trois nuits après à cent lieues du Palais-Royal.

Trois nuits après cette nuit, où, pour y chercher des désappointements successifs, nous avons vu le régent se rendre de Paris à Chelles, de Chelles à Meudon et de Meudon au faubourg Saint-Antoine, il se passait dans les environs de Nantes, une scène dont nous ne pouvons omettre les moindres détails, sans nuire à l'intelligence de cette histoire, nous allons donc, en vertu de notre privilége de romancier, transporter le lecteur avec nous sur le lieu de cette scène.

Sur la route de Clisson, à deux ou trois lieues de Nantes, près de ce couvent fameux par le séjour d'Abeilard, s'élevait une noire et longue maison entourée de ces arbres trapus et sombres dont la Bretagne est couverte; des haies sur la route, des haies autour de l'enclos, outre les murs, des haies partout, des haies touffues, épaisses, impénétrables même au regard et coupées et interrompues seulement par une haute grille de bois surmontée d'une croix, et qui servait de porte. Tel était l'aspect extérieur que cette maison si bien gardée présentait; encore cette grille unique ne donnait-elle entrée que sur un jardin, au fond duquel on voyait un mur, percé à son tour d'une petite porte étroite, massive et toujours fermée : de loin, cette demeure grave et triste semblait une prison pleine de sombres douleurs, de près, c'était un couvent peuplé de jeunes Augustines assujéties à une règle assez peu sévère eu égard aux mœurs de la province, mais rigide, comparée aux mœurs de Versailles et de Paris.

La maison était donc inaccessible sur trois de ses faces, mais la quatrième, et c'était la façade opposée à la route, dont au reste au-dessus des murs et des arbres on ne pouvait apercevoir que les toits, était appuyée à une large pièce d'eau qui baignait le bas de la muraille; à dix pieds au-dessus de la surface liquide et mouvante, étaient les fenêtres du réfectoire.

Ce petit lac, comme tout le reste du couvent, semblait soigneusement gardé, il était entouré par de hautes palissades de bois qui disparaissaient à l'extrémité de la pièce d'eau, derrière des roseaux immenses dominant de larges feuilles de nymphéa flottant à fleur d'eau, et dans les intervalles desquelles s'épanouissaient de frais et suaves calices blancs et jaunes, qui semblaient des lys en miniature. Le soir, des volées d'oiseaux et surtout de sansonnets, s'abattaient dans ces roseaux, et babillaient joyeusement jusqu'à ce que le soleil fut couché ; alors avec les premières ombres de la nuit, le silence se répandait et semblait pénétrer du dehors au dedans ; une légère vapeur s'amassait sur le petit lac, pareille à une fumée, et montait comme un blanc fantôme dans l'obscurité, que troublait seulement de temps en temps le coassement prolongé d'une grenouille, le cri aigu d'une chouette ou le houhoulement prolongé du hibou.

Une seule grille de fer donnait sur le lac, et livrait en même temps passage aux eaux d'une petite rivière qui alimentait la pièce d'eau et qui, du côté opposé, sortait par une grille pareille, mais solide et ne s'ouvrant pas : quant à se glisser par dessous la grille en descendant le cours de la rivière ou en le remontant, c'était chose parfaitement impossible, attendu que les barreaux s'enfonçaient bien avant dans son lit.

L'été, on voyait dormir entre les iris et les glayeuls, une petite barque de pêcheur qui s'amarrait à cette même grille, toute tapissée de clochettes d'eau et de liserons, qui dissimulaient sous leur verte enveloppe la rouille que l'humidité de la situation avait amassée sur le fer.

Cette barque était celle du jardinier qui s'en servait de temps en temps pour aller jeter la ligne ou l'épervier dans les parties les plus poissonneuses de l'étang, et qui alors donnait aux pauvres recluses ennuyées le spectacle de la pêche.

Mais quelquefois aussi, l'été toujours,

mais seulement par les nuits les plus sombres, la grille de la rivière s'ouvrait mystérieusement ; un homme silencieux et enveloppé d'un manteau descendait dans la petite barque qui semblait se détacher toute seule du barreau où elle était amarrée, et qui glissant alors, sans bruit, sans secousse et comme poussée par un souffle invisible, allait s'arrêter contre la muraille du couvent, juste au-dessous d'une des fenêtres grillées du réfectoire. Alors un petit signal se faisait entendre, imitant ou le coassement de la grenouille ou le cri de la chouette ou le houhoulement du chat-huant et une jeune fille apparaissait à cette fenêtre, assez largement grillée pour que sa blonde et charmante tête y passât, mais trop élevée pour que le jeune homme au manteau, malgré les efforts réitérés qu'il avait faits, ait jamais pu atteindre jusqu'à sa main.

Il fallait donc se contenter d'une conversation bien timide et bien tendre, dont le bruissement de l'eau ou le frémissement de la brise emportaient encore la moitié. Puis, après une heure passée ainsi, commençaient les adieux qui duraient une autre heure, puis enfin, lorsque les jeunes gens étaient convenu d'une autre nuit et d'un signal différent, la barque s'éloignait reprenant le chemin qu'elle avait suivi pour venir, la grille se refermait avec le même silence qu'elle s'était ouverte, et le jeune homme s'éloignait en envoyant un baiser vers la fenêtre que la jeune fille repoussait avec un soupir.

Mais il ne s'agit plus maintenant de l'été,

nous sommes, comme nous l'avons dit, au commencement du mois de février, du terrible hiver de 1719. Les beaux arbres touffus sont poudrés de givre ; les roseaux sont dépeuplés de leurs hôtes joyeux, qui ont été chercher, les uns un climat plus tempéré, les autres un abri plus chaud. Les glayeuls et les nymphéas croupissent noircis et abattus sur les glaces verdâtres, saupoudrées de neige. Quant à la maison noire, elle paraît plus funéraire encore, enveloppée qu'elle est de ce manteau blanc qui la couvre comme un linceul, depuis ses toits éblouissants de givre, jusqu'à ses perrons ouatés de neige. On ne saurait donc plus traverser l'étang en bateau, car la glace en couvre la surface.

Et cependant, malgré cette nuit sombre,

malgré ce froid piquant, malgré cette absence complète d'étoiles au ciel, un cavalier seul, sans laquais, sortait par la grande porte de Nantes et s'aventurait dans la campagne, suivant, non pas même la grande route qui conduit de Nantes à Clisson, mais un chemin de traverse qui vevait aboutir à cette même route à une centaine de pas des fossés ; à peine sur ce chemin, il laissa tomber la bride sur le cou de sa monture, excellent cheval de race, qui au lieu de courir étourdiment, comme eût fait un destrier moins bien dressé, se contenta de prendre un trot assez modéré, pour lui laisser le loisir de poser ses pieds avec précaution et sécurité, dans ce chemin qui semblait uni comme un tapis de billard, mais qui était tout semé d'ornières et de quartiers de rochers que recouvrait traîtreusement la neige. Pendant un quart-d'heure à-peu-près tout alla bien, la bise sans pouvoir s'opposer à la course du cavalier, faisait flotter les plis de son manteau; les arbres squelettes noirs, fuyaient à droite et à gauche comme des fantômes, tandis que la réverbération de la neige, seule lumière qui guidât la marche aventureuse du cavalier, éclairait tout juste assez le chemin pour qu'il pût le suivre; mais bientôt malgré les précautions instinctives prises par le cheval, la pauvre bête butta contre un caillou et manqua de s'abattre, cependant ce mouvement eut la durée d'un éclair à peine ; au premier sentiment qu'il eût de la bride, le cheval se releva, mais son cavalier, quelle que fut sa préoccupation, s'aperçut qu'il commençait à boiter ; d'abord il ne s'en inquiéta point et continua sa route, mais bientôt la claudication devint plus marquée, et le jeune homme pensant que quelqu'éclat de caillou était resté dans le sabot de sa monture et la blessait, descendit et examina le pied, qui lui parut non-seulement déferré, mais même saignant ; en effet, en regardant sur la neige, il vit une trace rougeâtre qui ne lui laissa aucun doute, son cheval était blessé.

Le jeune homme paraissait vivement contrarié de cet accident et réfléchissait évidemment aux moyens d'y aviser, lorsqu'il crut malgré le tapis de neige qui recouvrait le chemin, entendre le bruit d'une cavalcade. Il prêta l'oreille un instant pour s'assurer s'il ne se trompait point, puis convaincu sans doute que plusieurs hommes à cheval faisaient même route que lui, et sentant que si ces hommes étaient par hasard à sa poursuite, ils ne pouvaient manquer de le rejoindre, il prit son parti à l'instant même, remonta vivement sur son cheval, lui fit faire dix pas hors du chemin, se rangea avec lui derrière quelques arbres renversés, mit son épée nue sous son bras, tira un pistolet de ses fontes et attendit.

En effet, des cavaliers arrivaient à toute bride et l'on distinguait malgré l'obscurité leurs manteaux sombres et le cheval blanc de l'un d'eux. Ils étaient quatre et marchaient sans parler ; de son côté, l'inconnu retenait son haleine, et le cheval, comme s'il eût compris le danger que courait son maître, demeurait immobile et silencieux comme lui. N'entendant aucun bruit, la cavalcade dépassa donc le groupe d'arbres qui cachait monture et cavalier, et ce dernier se croyait déjà débarrassé de ces importuns, quels qu'ils fussent, lorsque tout-à-coup la cavalcade s'arrêta : celui qui en paraissait le chef descendit, tira une lanterne sourde des plis de son manteau et faisant de la lumière éclaira la route. Or, comme la route cessait d'offrir la trace qu'ils avaient suivie jusques-là, ils jugèrent qu'ils l'avaient dépassée, revinrent sur leurs pas, reconnurent l'endroit où le cheval et le cavalier avaient fait un écart, et faisant alors quelques pas en avant, celui qui portait la lanterne la dirigea vers le groupe d'arbres au milieu duquel il fut facile à la petite troupe de distinguer alors, malgré leur silence et leur immobilité un cavalier et son cheval.

Aussitôt le bruit de plusieurs pistolets qu'on armait se fit entendre.

— Holà ! Messieurs, dit alors le cavalier au cheval blessé, prenant le premier la parole, qui êtes-vous, et que voulez-vous ?

— C'est bien lui, murmurèrent deux ou trois voix, nous ne nous étions pas trompés.

Alors l'homme à la lanterne continua de s'avancer dans la direction du cavalier inconnu.

— Un pas de plus et je vous tue, Monsieur, dit le cavalier, nommez-vous donc et à l'instant même, que je sache à qui j'ai affaire.

— Ne tuez personne, Monsieur de Chanlay, répondit l'homme à la lanterne d'une voix calme, et remettez, croyez-moi, vos pistolets dans vos fontes.

— Ah! c'est vous, marquis de Pontcalec? répondit celui à qui l'on avait donné le nom de Chanlay.

— Oui, Monsieur, c'est moi.

— Et que venez-vous faire ici, je vous prie?

— Vous demander quelques explications sur votre conduite, approchez donc et répondez, s'il vous plaît.

— L'invitation est faite d'une singulière

façon, marquis, ne pourriez-vous, si vous désirez que j'y réponde, la faire en d'autres termes et lui donner une autre forme?

— Approchez, Gaston, dit une autre voix, nous avons réellement à vous parler, mon cher.

— A la bonne heure, dit Chanley, je reconnais votre façon de faire, Montlouis, mais j'avoue que je ne suis pas encore habitué aux manières de M. de Pontcalec.

— Mes manières sont celles d'un franc et rude Breton, qui n'a rien à cacher à ses amis, Monsieur, répondit le marquis, et qui ne s'oppose pas à ce qu'on l'interroge aussi franchement qu'il interroge les autres.

— Je me joins à Montlouis, dit une autre voix, pour prier Gaston de s'expliquer à l'amiable; notre premier intérêt ce me semble, est de ne point nous faire la guerre entre nous.

— Merci, du Couëdic, dit le cavalier; c'est mon avis aussi, en conséquence, me voici :

En effet, à ces paroles plus pacifiques, le jeune homme, remettant son pistolet dans sa fonte et son épée dans le fourreau, se rapprocha du groupe qui se tenait au milieu de la route et attendait l'issue du pourparler.

— Monsieur de Talhouët, dit le marquis de Pontcalec, du ton d'un homme qui a acquis ou à qui on a concédé le droit de donner des ordres, veillez sur nous, que personne n'approche sans que nous soyons prévenus.

M. de Talhouët obéit aussitôt et commença de faire décrire à son cheval un grand cercle tout autour du groupe, ne cessant pas un seul instant d'avoir l'œil et l'oreille au guet, comme il en avait reçu l'invitation.

— Et maintenant, dit le marquis de Pontcalec en remontant à cheval, éteignons notre lanterne, puisque nous avons trouvé notre homme.

— Messieurs, dit alors le chevalier de Chanlay, permettez-moi de vous dire que tout ce qui se passe en ce moment me semble étrange. C'est moi que vous suiviez réellement, à ce qu'il paraît; c'est moi que vous cherchiez, dites-vous; vous m'avez trouvé et vous pouvez éteindre votre lanterne. Voyons, que signifie tout cela? si c'est une plaisanterie, l'heure et le lieu, je vous l'avoue, me paraissent mal choisis....

— Non, Monsieur, répondit le marquis de Pontcalec de son ton dur et bref, ce n'est point une plaisanterie; c'est un interrogatoire.

— Un interrogatoire? dit le chevalier de Chanlay en fronçant le sourcil.

— C'est-à-dire, une explication, dit Montlouis.

— Interrogatoire ou explication, reprit Pontcalec, peu importe, la circonstance est trop grave pour jouer sur le sens ou ergoter sur les mots. Interrogatoire ou explication, je le répète; répondez donc à nos questions, monsieur de Chanlay?

— Vous commandez durement, marquis, reprit le chevalier de Chanlay.

— Si je commande, c'est que j'en ai le droit; suis-je votre chef, ou ne le suis-je pas?

— Si fait, vous l'êtes; mais ce n'est pas une raison pour oublier les égards qu'on se doit entre gentilshommes.

—Monsieur de Chanlay, monsieur de Chanlay, toutes ces difficultés ressemblent fort à des échappatoires; vous avez fait serment d'obéir, obéissez?

— J'ai fait serment d'obéir, Monsieur,

répondit le chevalier; mais non pas comme un laquais.

— Vous avez fait serment d'obéir comme un esclave, obéissez donc, ou subissez les résultats de votre désobéissance.

— Monsieur le marquis !

— Voyons, mon cher Gaston, dit Montlouis, parle, je t'en prie, le plus tôt sera le mieux; d'un mot, tu peux nous ôter tout soupçon de l'esprit.

— Tout soupçon ! s'écria Gaston, pâle et frémissant de colère; vous me soupçonnez donc ?

— Mais, sans doute, que nous vous soupçonnons, reprit Pontcalec avec sa rude franchise. Croyez-vous, si nous ne vous soupçonnions pas, que nous nous serions amusés à nous mettre à vos trousses par un temps pareil?

— Oh! alors, c'est différent, marquis, répondit froidement Gaston, si vous me soupçonnez; dites vos soupçons, j'écoute.

— Chevalier, rappelez-vous les faits; nous conspirions tous les quatre ensemble, nous ne réclamions pas votre appui, vous êtes venu nous l'offrir, disant qu'outre le bien général, que vous vouliez nous aider à faire, vous aviez, vous, une offense particulière à venger; vous êtes-vous présenté ainsi?

— C'est vrai.

— Alors, nous vous avons reçu, accueilli parmi nous, comme un ami, comme un frère ; nous vous avons dit toutes nos espérances, confié tous nos projets ; bien plus, vous avez été élu par le sort pour frapper le coup le plus utile et le plus glorieux. Chacun de nous vous a offert alors de prendre votre place et vous avez refusé ; est-ce vrai !

— Vous ne dites pas un mot qui ne soit l'exacte vérité, marquis.

— C'est ce matin que nous avons tiré au sort... ce soir vous deviez être sur la route de Paris... où vous trouvons-nous, au lieu de cela ? sur celle de Clisson, où logent les plus mortels ennemis de l'indépendance Bretonne, où loge le maréchal Montesquiou, notre ennemi juré.

— Ah ! Monsieur, fit dédaigneusement Gaston.

— Répondez par des paroles franches et non par de méprisants sourires; répondez monsieur de Chanlay, je vous l'ordonne, répondez.

— De grâce, Gaston, répondirent à la fois du Couëdic et Montlouis, de grâce, répondez.

— Et sur quoi voulez-vous que je réponde?

— Sur vos absences fréquentes depuis deux mois, sur le mystère dont vous enveloppez votre vie, refusant une ou deux fois par semaine de vous mêler à nos réunions nocturnes. Eh bien! Gaston, nous vous l'avouons franchement, toutes ces absences, tous ces mystères, nous ont inquiétés. Eh bien! un mot, Gaston, et nous serons rassurés.

— Vous voyez bien que vous étiez coupable, Monsieur, puisque vous vous cachiez, au lieu de poursuivre votre route.

— Je ne poursuivais pas ma route, parce que mon cheval s'est blessé; vous pouvez bien le voir au sang qui tache la neige!

— Mais pourquoi vous cachiez-vous?

— Parce que je voulais savoir avant toute chose, quels étaient les gens qui me poursuivaient... N'ai-je donc pas à craindre d'être arrêté aussi bien que vous?

— Enfin, où alliez-vous?

— Si vous aviez poursuivi votre route et que vous m'eussiez suivi à la trace, comme vous l'avez fait jusqu'ici, vous auriez vu que ce n'était point à Clisson.

— Ce n'était pas à Paris, non plus ?

— Messieurs, ayez, je vous en prie, confiance en moi et ménagez mon secret... C'est un secret de jeune homme ; un secret où non seulement mon honneur, mais encore celui d'une autre personne est engagé; peut-être ne savez-vous pas combien ma délicatesse est extrême, exagérée peut-être sur ce point là.

— Alors, c'est donc un secret d'amour ? dit Montlouis.

— Oui, Messieurs, et même un secret de premier amour, répondit Gaston.

— Défaites que tout cela, s'écria Pontcalec.

— Marquis ! répéta Gaston avec hauteur.

— C'est trop peu dire, mon ami, reprit du Couëdic. Comment croire que tu vas à un rendez-vous par ce temps abominable et que ce rendez-vous n'est pas à Clisson, quand excepté le couvent des Augustines, il n'y a pas une seule maison bourgeoise à deux lieues à la ronde !

— Monsieur de Chanlay, dit le marquis de Pontcalec fort agité, vous avez fait le serment sur votre vie de m'obéir comme à votre chef et de vous dévouer corps et âme à notre sainte cause ; monsieur de Chanlay, la partie que nous avons entreprise est grave ; nous y jouons nos biens, notre liberté, notre tête, et plus que tout cela, notre honneur. Voulez-vous répondre catégoriquement et clairement aux questions que je vais vous adresser au nom de nous tous, répondre de manière à ne nous laisser aucun doute? sinon, monsieur de Chanlay, foi de gentilhomme, en vertu du droit de vie et de mort que vous m'avez donné librement et de votre propre volonté sur vous-même ; foi de gentilhomme, je vous le répète, je vous casse la tête d'un coup de pistolet.

Un morne et profond silence accueillit ces paroles, pas une voix ne s'éleva pour défendre Gaston. Il fixa ses yeux tour-à-tour sur chacun de ses amis, et chacun de ses amis détourna ses yeux des siens.

— Marquis, dit alors le chevalier d'une voix émue, non-seulement vous m'insultez en me soupçonnant; mais encore vous me percez le cœur en m'affirmant que je ne puis détruire ces soupçons qu'en vous initiant à mon secret. Tenez, ajouta-t-il en tirant un portefeuille de sa poche, en écrivant dessus quelques mots à la hâte avec un crayon et en déchirant la feuille sur laquelle ces quelques mots étaient écrits ; tenez, voici ce secret que vous voulez savoir, je le tiens d'une main et de l'autre je prends un pistolet que j'arme ; voulez-vous me faire réparation de l'outrage dont vous venez de me couvrir ? ou, à mon tour, je vous donne ma foi de gentilhomme, que je me fais sauter la cervelle ? Moi mort, vous ouvrirez ma main et vous lirez ce billet, vous verrez alors si je méritais un soupçon pareil !

Et Gaston approcha le pistolet de sa

tempe avec cette froide résolution, qui indique que les effets vont suivre les paroles.

— Gaston, Gaston, s'écria Montlouis, tandis que du Couëdic lui saisissait le bras, arrête, au nom du ciel. Marquis, il le ferait comme il le dit, pardonnez-lui et il vous vous dira tout ; n'est-ce pas Gaston, que tu n'auras point de secret pour tes frères, quand au nom de leurs femmes et de leurs enfants, tes frères te supplieront de tout leur dire ?

— Mais certainement, dit le marquis, certainement que je lui pardonne, et bien plus que je l'aime, il le sait bien, pardieu ! qu'il nous prouve son innocence seulement et aussitôt je lui fais toutes les réparations qui lui sont dues ; mais avant, rien : il est jeune, il est seul au monde, il n'a pas comme nous des femmes, des mères et enfants dont il expose le bonheur et la fortune, il ne risque que sa vie, et il en fait le cas que l'on en fait à vingt ans ; mais avec sa vie il joue les nôtres, et cependant qu'il dise un mot, un seul mot, qu'il nous présente une justification probable et le premier, je lui ouvre mes bras.

— Eh bien ! marquis, dit Gaston, après quelques secondes de silence, suivez-moi donc et vous serez satisfait.

— Et nous ? demandèrent Montlouis et du Couëdic.

— Venez aussi, Messieurs, vous êtes tous gentilshommes, je ne risque pas plus en confiant mon secret à quatre qu'à un seul.

Le marquis appela Talhoüet, qui pendant tout ce temps avait fait bonne garde et qui vint se réunir au groupe, et suivit le chevalier sans faire une seule question sur ce qui s'était passé.

Alors les cinq hommes continuèrent leur chemin, mais plus lentement, car le cheval de Gaston boitait tout bas ; le chevalier qui leur servait de guide, les conduisit vers le couvent que nous connaissons déjà ; au bout d'une demi heure, ils arrivèrent sur les bords de la petite riviére, à dix pas de la grille, Gaston s'arrêta :

— C'est ici, dit-il.

— Ici ?

— A ce couyent d'Augustines ?

— Ici même, Messieurs ; il y a dans ce couvent une jeune fille que j'aime depuis un an pour l'avoir vue à la procession de la Fête-Dieu, à Nantes ; elle m'a remarqué aussi, je l'ai suivie, je l'ai épiée et je lui ai fait tenir une lettre.

— Mais comment la voyez-vous ? demanda le marquis ?

— Cent louis ont mis le jardinier dans mes intérêts, il m'a donné une double clef de cette grille, l'été j'arrive en bateau jusqu'au bas des murs du couvent, à dix pieds de la surface de l'eau est une petite fenêtre où elle m'attend, s'il faisait plus clair, vous pourriez la distinguer d'ici et malgré l'obscurité, moi je la vois.

— Oui, je comprends bien comment

vous faites l'été, reprit le marquis, mais le bateau ne peut plus naviguer.

— C'est vrai, Messieurs, mais à défaut du bateau, il y a ce soir une croûte de de glace ; j'irai donc à elle sur la glace ce soir, peut-être se brisera-t-elle sous mes pieds et m'engloutirai-je, tant mieux, car alors je l'espère, vos soupçons me suivront et s'engloutiront avec moi.

— J'ai un poids énorme de moins sur la poitrine, dit Montlouis, ah ! mon pauvre Gaston, que tu me rends heureux, car ne l'oublies pas, c'est moi et du Couëdic qui avons répondu de toi.

— Ah ! chevalier s'écria le marquis, pardonnez-nous, embrassez-moi ?

— Volontiers, marquis, mais vous avez

détruit une partie de mon bonheur.

— Comment cela ?

— Hélas ! je voulais être seul à savoir que j'aimais, j'ai tant besoin d'illusion et de courage, ne vais-je pas la quitter ce soir, pour ne plus la revoir jamais.

—Qui sait, chevalier, il me semble que vous envisagez l'avenir bien tristement.

— Je sais ce que je dis, Montlouis.

—Si vous réussissez, et avec votre courage, votre résolution et votre sangfroid vous devez réussir, chevalier, alors la France est libre; alors la France vous doit sa liberté et vous serez maître de tout ce qu'il vous plaira.

—Ah ! marquis, si je réussis ce sera pour vous, quant à moi, mon sort est fixé.

— Allons donc chevalier, du courage, mais en attendant, permettez que nous vous voyions agir un peu dans vos entreprises amoureuses.

— Encore de la défiance, marquis.

— Toujours, mon cher Gaston, je me défie même de moi, et c'est bien naturel après l'honneur que vous m'avez tous fait de me nommer votre chef, c'est sur moi que pèse toute la responsabilité, je dois donc veiller sur vous, malgré vous.

— En tous cas, marquis, regardez, je suis aussi pressé d'arriver au pied de ce mur que vous de m'y voir arriver, je ne vous ferai donc pas plus longtemps attendre.

Gaston attacha son cheval à un arbre,

grâce à une planche jetée sur la petite rivière et formant un pont, il ouvrit la grille, et ayant suivi quelque temps les palissades afin de s'éloigner de l'endroit où le cours de la rivière empêchait l'eau de prendre, il posa son pied sur la glace, qui fit entendre tout d'abord un craquement sourd et prolongé.

— Au nom du ciel, s'écria Montlouis, en tempérant cependant sa voix, Gaston, pas d'imprudence.

— A la grâce de Dieu! regardez, marquis.

— Gaston, dit Pontcalec, je vous crois, je vous crois.

— Eh bien! voilà qui redouble mon outrage, dit le chevalier.

— Et maintenant Gaston un seul mot. Quand partirez-vous?

— Demain à pareille heure, Marquis, j'aurai déjà, selon toute prodabilité, fait vingt-cinq ou trente lieues sur la route de Paris.

— Alors revenez que nous vous embrassions et que nous vous disions adieu. Venez, Gaston.

— Avec grand plaisir.

Et le chevalier revint sur ses pas, et fut tour à tour serré cordialement dans les bras des quatre cavaliers qui attendirent, pour s'éloigner, qu'il fut arrivé au terme de sa course périlleuse, se tenant prêts à lui porter secours, s'il lui arrivait malheur pendant le trajet.

V

Comment le hasard arrange quelquefois les choses de manière à faire honte à la Providence.

Malgré les craquements de la glace, Gaston poursuivit hardiment son chemin, car à mesure qu'il approchait, il s'apercevait d'une chose qui lui faisait battre le cœur ; c'est que les pluies de l'hiver avaient fait hausser l'eau du petit lac et qu'arrivé au pied de la muraille, il allait sans doute pouvoir atteindre à cette fenêtre.

Il ne se trompait pas, arrivé au terme de son chemin, il rapprocha ses mains l'une de l'autre, imita le cri du chathuant et la fenêtre s'ouvrit.

Aussitôt, douce récompense du danger qu'il avait couru, il vit apparaître presqu'à la hauteur de la sienne, la charmante tête de sa bien-aimée; tandis qu'une main douce et tiède cherchait et rencontrait sa main, c'était la première fois; Gaston saisit cette main avec transport et la couvrit de baisers.

— Gaston, vous voilà venu, malgré le froid et sans bateau, sur la glace, n'est-ce pas? je vous l'avais cependant bien défendu dans ma lettre, à peine est-elle prise.

— Avec votre lettre sur mon cœur, Hélène, il me semblait ne courir aucun danger. Mais qu'aviez-vous donc de si triste et de si sérieux à me dire, vous avez pleuré.

— Hélas! mon ami, depuis ce matin je ne fais pas autre chose.

— Depuis ce matin, murmura Henry avec un triste sourire, c'est étrange; et moi aussi je pleurerais depuis ce matin, si je n'étais pas un homme.

— Que dites-vous Gaston?

— Rien, mon amie. Voyons, revenons à vous, quels sont vos chagrins, Hélène, dites-moi cela.

— Hélas! vous le savez, je ne m'appartient pas, je suis une pauvre orpheline élevée ici, n'ayant d'autre patrie, d'autre monde, d'autre univers que ce couvent ; je n'ai jamais vu personne à qui je puisse appliquer le nom de père et de mère, je crois ma mère morte, et l'on m'a toujours dit mon père absent; je dépends donc d'une puissance invisible, qui s'est révélée à notre supérieure seulement: ce matin notre bonne mère m'a fait venir, et les larmes aux yeux m'a annoncé mon départ.

—Votre départ, Hélène ! vous quittez ce couvent ?

— Oui, ma famille me réclame, Gaston.

— Votre famille, mon Dieu ! que nous veut encore ce nouveau malheur?

— Oh! oui, c'en est un, Gaston, quoique d'abord notre bonne mère m'en ait félicité comme d'une joie. Mais moi j'étais heureuse dans ce couvent, je ne demandais pas davantage au Seigneur, que d'y rester jusqu'au moment où je deviendrais votre femme. Le Seigneur dispose de moi autrement, que vais-je devenir ?

— Et cet ordre qui vous enlève à votre couvent...

— N'admet ni discussion ni retard, Gaston. Hélas! il paraît que j'appartiens à une famille puissante, il paraît que je suis la fille d'un très grand seigneur; quand ma bonne mère m'a annoncé qu'il fallait la quitter, j'ai fondu en larmes, je me suis jetée à ses genoux, je lui ai dit que je ne demandais qu'une chose c'était de ne la quitter jamais ; alors elle s'est doutée qu'il y avait un autre motif que celui que je lui donnais, elle m'a pressée, interrogée, pardonnez-moi, Gaston, j'avais besoin de confier mon secret à quelqu'un, j'avais besoin d'être plainte et consolée; je lui ai tout dit, Gaston, que je vous aimais et que vous m'aimiez, excepté la manière dont nous nous voyons là, j'avais peur si je disais cela, qu'on ne m'empêchât de vous voir une dernière fois, et je voulais cependant bien vous dire adieu.

— Mais n'avez-vous pas dit, Hélène, quels étaient mes projets sur vous, que lié moi-même à une association qui dispose de moi pour six mois, pour un an peut-être encore, le temps écoulé, le jour où je redevenais libre enfin, mon nom, ma main, ma fortune, toute ma vie enfin vous appartenait.

— Je l'ai dit, Gaston, et voilà ce qui m'a fait penser que j'étais la fille de quelque grand seigneur, car alors la bonne mère Ursule m'a répondu : il faut oublier le chevalier, ma fille, car qui sait si votre nouvelle famille consentirait à cette union.

— Mais ne suis-je pas d'une des plus vieilles familles de la Bretagne, et sans que je sois riche, ma fortune n'est-elle pas indépendante; lui avez-vous fait cette observation, Hélène ?

— Oh ! je lui ai dit : Gaston me prenait orpheline, sans nom, sans fortune; on peut me séparer de Gaston, ma mère, mais ce serait une cruelle ingratitude à moi de l'oublier, et je ne l'oublierai jamais.

— Hélène, vous êtes un ange. Et vous ne soupçonnez pas quels peuvent être les parents qui vous réclament; ce sort inconnu auquel vous êtes destinée?

— Non, il paraît que c'est un secret profond, inviolable, d'où dépend tout mon bonheur à venir; seulement je vous le dis, Gaston, j'ai peur que ces parents ne soient de bien grands seigneurs, car il m'a semblé, je me trompais sans doute, que notre supérieure elle-même me parlait, je ne sais comment vous dire, Gaston, me parlait avec respect.

— A vous? Hélène.

— Oui.

— Allons, tant mieux, dit Gaston en poussant un soupir.

— Comment, tant mieux! s'écria Hélène, Gaston, vous réjouiriez-vous de notre séparation.

— Non, Hélène, mais je me réjouis de ce que vous trouvez une famille, au moment où vous alliez peut-être perdre un ami.

— Perdre un ami, Gaston, mais je n'ai que vous d'ami, allais-je donc vous perdre?

— J'allais du moins être forcé de vous quitter pour quelque temps, Hélène.

— Que voulez-vous dire ?

— Je veux dire que le destin a mis à tâche de nous faire semblables en tout, et que vous n'êtes pas la seule à ignorer ce que vous garde le lendemain.

— Gaston, Gaston, que signifie ce langage étrange ?

— Que moi aussi, Hélène, je suis poussé par une fatalité à laquelle il faut que j'obéisse, que moi aussi, je suis soumis à une puissance supérieure et irrésistible.

— Vous ? ô mon Dieu !

— A une puissance qui me condamnera peut-être à vous abandonner, dans huit jours, dans quinze jours, dans un mois ; non-seulement à vous abandonner, vous, mais encore à quitter la France.

— Ah! que me dites-vous-là? Gaston.

— Ce que dans mon amour, ou plutôt dans mon égoïsme, je n'avais pas osé vous dire encore, j'allais au devant de l'heure où nous sommes arrivés, les yeux fermés; ce matin mes yeux se sont ouverts : il faut que je vous quitte Hélène.

— Mais pourquoi faire, qu'avez-vous entrepris, qu'allez-vous devenir?

— Hélas! nous avons chacun notre secret, Hélène, dit le chevalier en secouant tristement la tête, que le vôtre ne soit pas aussi terrible que le mien, c'est tout ce que je demande à Dieu.

— Gaston !

— N'avez-vous pas dit la première qu'il

fallait nous séparer, Hélène? la première n'avez-vous pas eu le courage de renoncer à moi? eh bien! soyez bénie pour ce courage qui me donne l'exemple; car moi, oh moi! tenez, je ne l'avais pas.

Et à ces mots, le jeune homme appuya de nouveau ses lèvres sur la belle main qu'on n'avait pas songé à retirer un instant des siennes, et malgré les efforts qu'il fit sur lui-même, Hélène s'aperçut qu'il pleurait amèrement.

— Oh mon Dieu! mon Dieu! murmura-t-elle, qu'avons-nous donc fait au Ciel, pour être si malheureux?

A cette exclamation, Gaston releva la tête.

— Voyons, dit-il, comme se parlant à

lui-même; voyons, du courage, il y a dans la vie de ces nécessités contre lesquelles il est inutile de se roidir; obéissons donc chacun de notre côté, Hélène, obéissons sans lutte, sans murmure, et peut-être désarmerons-nous le sort à force de résignation; pourrais-je vous revoir encore avant votre départ?

— Je ne le crois pas, je pars demain.

— Et quelle route prenez-vous?

— Celle de Paris.

— Comment, vous allez donc?...

— Je vais à Paris.

— Grand Dieu! s'écria Gaston, et moi aussi.

— Et vous aussi Gaston ?

— Et moi aussi ! et moi aussi il faut que je parte, Hélène, nous nous trompions, nous ne nous quittons pas.

— Oh mon Dieu, mon Dieu ! que me dites-vous là ? Gaston.

— Que nous avions tort d'accuser la Providence, et qu'elle se venge en nous accordant plus que nous n'eussions osé lui demander. Non-seulement nous pourrons nous voir tout le long de la route, mais encore à Paris; eh bien ! à Paris, nous ne serons pas entièrement séparés.—Comment partez-vous ?

— Mais dans la carrosse du couvent, je crois, lequel doit voyager par la poste, mais à petites journées pour ne point me fatiguer.

— Avec qui partez-vous?

—Avec une religieuse que l'on me donne pour m'accompagner, et qui reviendra au couvent lorsqu'elle m'aura remis aux mains des personnes qui m'attendent.

— Alors tout va pour le mieux, Hélène, moi je vous suis à cheval comme un voyageur étranger, inconnu; chaque soir je vous parle, et quand je ne parviens pas à vous parler, je vous vois du moins, Hélène, nous ne sommes séparés qu'à moitié.

Et les deux jeunes gens avec cette impérissable confiance de leur âge dans l'avenir après s'être abordé les larmes dan les yeux et le trouble dans l'esprit, se quittèrent le sourire sur les lèvres et l'espérance dans le cœur.

Gaston traversa une seconde fois, et avec le même bonheur que la première, l'étang glacé, et s'achemina vers l'arbre où était attachée sa monture, mais au lieu de son cheval blessé, il trouva celui de Montlouis, et grâce à cette attention de son ami, il fut de retour à Nantes en moins de trois quarts d'heure, sans avoir fait aucune mauvaise rencontre.

VI

Le Voyage.

Pendant le reste de la nuit, Gaston écrivit son testament qu'il déposa le lendemain chez un notaire de Nantes.

Il léguait tous ses biens à Hélène de Chaverny, la suppliait, s'il venait à mourir, de ne point renoncer au monde pour cela, mais de laisser aller sa jeune et belle existence au cours qui lui était réservé ; seulement, comme il était le dernier de sa famille ; il la priait en souvenir de lui, de donner le nom de Gaston à son premier fils.

Puis, il alla voir une dernière fois ses amis et surtout Montlouis, celui de tous avec lequel il était le plus lié, et qui, la veille, était celui des quatre qui l'avait le plus soutenu, leur exprima toute la confiance qu'il avait dans le succès de l'entreprise, reçut de Pontcalec la moitié d'une pièce d'or et une lettre qu'il devait remettre à un certain capitaine Lajonquière, correspondant des conjurés à Paris, lequel devait mettre Gaston en relation avec les personnages importants qu'il allait chercher dans la capitale ; prit dans sa valise tout ce qu'il avait pu recueillir d'argent comptant, et accompagné seulement d'un domestique, nommé Oven, qu'il avait à son service depuis trois ans et auquel il croyait pouvoir se fier, il partit de Nantes, ses quatre compagnons ayant jugé à propos de ne lui faire aucune compagnie de peur d'éveiller les soupçons.

Il était midi, la route était belle, un magnifique soleil d'hiver s'était levé sur les champs éblouissants de neige, des gouttes d'eau glacée pendant aux branches, reflétaient les rayons du jour comme des stalactites de diamants, et cependant la longue route était à-peu-près déserte ; rien devant ni derrière Gaston, ne ressemblait à ce carrosse du couvent vert et noir, et si bien connu de lui, dans lequel les bonnes Augustines de Clisson envoyaient chercher ou ramenaient les pensionnaires à leur famille. Gaston, suivi de son laquais, continuait son chemin, manifestant sur son visage cette gaîté mêlée d'angoisses qui étreint le cœur de l'homme à la vue des beautés de la nature, qu'un événement fatal et inévitable peut bientôt lui faire perdre à jamais.

L'ordre de relais avait été arrêté jusqu'au Mans, avant de partir de Nantes, entre Gaston et ses amis; mais bien des raisons poussaient le jeune homme à intervertir cet ordre, d'abord la gelée qui avait fait la route étincelante comme un miroir, obstacle insurmontable, et que Gaston eût regardé comme tel quand bien même il eût pu le surmonter, car il avait besoin, on se le rappelle, de ne pas aller trop vite : seulement pour son laquais il feignit de se presser beaucoup, mais son cheval à la première lancée ayant fait deux écarts et celui d'Oven s'étant abattu tout-à-fait, ce lui fut une occesion toute naturelle de continuer sa route au pas.

Quant au laquais, dès le moment du départ, il parut beaucoup plus pressé que son maître, il était vrai qu'il était de cette classe de gens qui désirent toujours arriver vîte, vu que n'ayant d'un voyage que les ennuis et les peines, ils veulent abréger les voyages le plus possible. Il adorait d'ailleurs Paris en perspective; il ne

l'avait jamais vu, c'est vrai, mais on lui en
en avait fait des rapports merveilleux, disait-il, et s'il avait pu attacher des ailes
aux pieds des deux chevaux, quoiqu'il fût
assez mauvais cavalier, la distance eût été
franchie en quelques heures.

Gaston alla donc fort posément jusqu'à
Oudon ; mais si posément qu'il eût marché, le carrosse des Augustines de Clisson
avait marché moins vite encore. En ce
temps là, la poste des grandes routes, excepté pour ceux qui pouvaient faire marcher, non pas les chevaux, mais les postillons le fouet à la main, ressemblait au
roulage d'aujourd'hui, et des moins accélérés encore, surtout lorsqu'il s'agissait de
voitures de dames.

Le chevalier fit halte à Oudon. Il y choisit l'auberge du *Char couronné*, laquelle avait sur la rue deux fenêtres en saillie, qui commandaient tout le chemin; d'ailleurs, il s'était informé et avait appris que cette auberge, illustre entre toutes les auberges de la ville, était le rendez-vous habituel de presque tous les coches.

Pendant qu'on préparait son dîner, — il pouvait être deux heures de l'après-midi à peu près, — Gaston, malgré le froid, en sentinelle sur son balcon, ne perdit pas de vue un seul instant la route; mais il ne vit, aussi loin que son regard pouvait s'étendre, que lourds fourgons et coches gorgés de monde; quant à cette voiture verte et noire tant attendue, il n'en était pas le moins du monde question.

Alors, dans son impatience, Gaston pensa qu'Hélène l'avait précédé et se trouvait peut-être déjà dans l'auberge. En conséquence, il passa brusquement des fenêtres du devant à une fenêtre de derrière donnant sur la cour, et de laquelle il pouvait facilement faire l'inspection des voitures placées sous les remises. La voiture du couvent était absente; mais il ne s'en arrêta pas moins quelque temps à son observatoire, car il vit son laquais parler activement à un homme vêtu de gris et qui s'enveloppait d'un manteau, taillé sur la forme des manteaux militaires. Cet homme, après sa conversation avec Oven, enfourcha un bon cheval de poste et, malgré la neige et la glace, il partit en cavalier qui a ses raisons de marcher vite, dût-il, en marchant vite, risquer de se rompre le cou. Seulement, il ne glissa ni ne tomba et, au bruit que fit le cheval en s'éloignant, Gaston devina qu'il se dirigeait vers Paris.

En ce moment le laquais leva les yeux et vit son maître qui le regardait, il devint fort rouge et, comme un homme surpris en faute, essaya de prendre un maintien en brossant les parements de son habit et en secouant la neige qu'il avait aux pieds. Gaston lui fit signe de venir au-dessous de la fenêtre, et quoique cet ordre lui fut évidemment désagréable, il obéit.

— A qui parlais-tu donc là, Oven? demanda le chevalier.

— A un homme, monsieur Gaston, répondit celui-ci de cet air de niaiserie mêlé de malice, particulier à nos paysans.

— Fort bien !.. mais quel est cet homme ?

— Un voyageur, un soldat, qui me demandait sa route, monsieur le chevalier.

— Sa route? pour aller où.

— Pour aller à Rennes.

— Mais tu ne la sais pas, puisque tu n'es pas d'Oudon?

— Aussi j'ai été la demander à l'hôte, monsieur Gaston.

— Que ne la lui demandait-il lui-même?

— Il avait eu dispute avec lui à propos du prix de son dîner et il ne lui voulait plus adresser la parole.

— Hum! fit Gaston.

Rien n'était plus naturel que tout cela. Cependant, Gaston rentra dans sa chambre tout pensif; cet homme, qui l'avait toujours servi fidèlement, c'est vrai, était le neveu du premier valet de chambre de M. de Montaran, ancien gouverneur de Bretagne, que les plaintes de la province avaient fait remplacer par M. de Montesquiou ; c'était cet oncle qui avait fait à Oven le brillant tableau de Paris, qui lui avait fait naître au fond du cœur un si grand désir de voir la capitale, désir qui, contre toute probabilité, allait se réaliser.

Mais bientôt, en y réfléchissant, les doutes que Gaston avait conçu sur Oven se dissipèrent, et Gaston se demanda si en avançant dans une voie, où cependant il avait besoin de tout son courage, il ne devenait pas de plus en plus timide. Cependant, le nuage qui avait subitement couvert son front, en voyant Oven causer avec l'homme en gris, ne s'effaça point entièrement ; d'ailleurs, il avait beau regarder, la voiture verte et noire n'arrivait pas.

Il pensa un moment, — les cœurs les plus purs ont parfois de ces idées honteuses,— qu'Hélène avait choisi un détour pour se séparer de lui sans bruit et sans querelle ; mais bientôt il réfléchit qu'en voyage tout devient accident et par conséquent retard. Il se remit à table, quoique depuis longtemps déjà il eût achevé son repas; et comme Oven, qui venait d'entrer pour desservir, le regardait étonné.

— Du vin, — demanda Gaston, sentant à son tour la nécessité de se donner un maintien, comme Oven l'avait senti lui-même, un quart-d'heure auparavant.

Oven avait déjà eu le soin d'enlever la bouteille à peine entamée et qui lui appartenait de droit. Aussi, regardant son maître, qui ordinairement était fort sobre, d'un air stupéfait :

— Du vin? répéta-t-il.

— Eh! oui, dit Gaston impatient, du vin! je veux boire... qu'y a-t-il d'étonnant à cela?

— Rien, Monsieur, répondit Oven.

Et il alla jusqu'à la porte transmettre l'ordre de son maître à un garçon qui apporta une seconde bouteille.

UNE FILLE DU RÉGENT. 183

Gaston se versa un verre de vin, le but, et s'en versa un second.

Oven ouvrait de grands yeux ébahis.

Enfin, pensant qu'il était de son devoir et de son intérêt en même temps, puisque cette seconde bouteille lui appartenait comme la première, d'arrêter son maître sur la pente funeste où celui-ci paraissait s'aventurer.

— Monsieur, lui dit-il, j'ai ouï raconter que boire par le froid saisit beaucoup un cavalier; vous oubliez que nous avons encore une longe route à faire et que plus nous attendrons, plus il fera froid; sans compter que si nous tardions encore beaucoup, nous pourrions bien ne plus trouver de chevaux à la poste.

Gaston était plongé dans ses pensées et ne répondit pas le moindre mot à cette observation, si juste qu'elle fut.

— Je ferai observer à Monsieur, continua Oven, qu'il est trois heures bientôt, et que la nuit vient à quatre heures et demie.

Cette persistance de son laquais étonna Gaston.

— Tu es bien pressé, Oven, lui dit-il,

aurais-tu rendez-vous avec ce voyageur qui t'a demandé son chemin?

— Monsieur sait bien que cela est impossible, répondit Oven sans se déconcerter, puisque ce voyageur allait à Rennes et que nous allons, nous, à Paris.

Cependant, sous le regard fixe de son maître, Oven ne pût s'empêcher de rougir, et Gaston ouvrait la bouche pour lui faire une autre question, lorsque le bruit d'une voiture, venant de Nantes, se fit entendre; Gaston courut à la fenêtre, c'était la voiture verte et noire.

A cette vue, Gaston oublia tout, et laissant Oven se remettre tout à son aise, il s'élança hors de l'appartement.

Alors, ce fut au tour d'Oven d'aller voir à la fenêtre quel important objet avait pu causer cette diversion dans l'esprit de son maître; il courut au balcon et vit la voiture verte et noire qui s'arrêtait. Un homme couvert d'une grosse cape descendit d'abord du siége et ouvrit la portière ; puis il vit descendre une jeune femme enveloppée d'une mante noire ; puis une sœur Augustine. Les deux dames, en annonçant qu'elles partiraient après le repas, demandèrent une chambre particulière.

Mais, pour arriver à cette chambre particulière, il leur fallait traverser la salle publique où Gaston, indifférent en apparence, se tenait debout près du poêle. Un coup-d'œil rapide, mais significatif, fut échangé entre Hélène et le chevalier, et à la grande satisfaction de Gaston, dans l'homme à la grosse cape qui était descendu du siège, il reconnut le jardinier du couvent; celui-là même dont il tenait la clé de la grille. C'était, dans les circonstances où l'on se trouvait, un heureux et puissant auxiliaire.

Cependant Gaston, avec un calme qui faisait honneur à sa puissance sur lui-même, laissa repasser le jardinier sans l'arrêter au passage; mais comme celui-ci traversait la cour et entrait dans l'écurie, il le suivit, car il avait hâte de l'interroger. Une dernière crainte lui restait, c'est que le jardinier fut venu jusqu'à Oudon seulement, et s'apprêtât à retourner immédiatement au couvent.

Mais aux premiers mots, Gaston fut rassuré; le jardinier accompagnait les deux femmes jusqu'à Rambouillet, terme momentané du voyage d'Hélène; puis il ramenait au couvent de Clisson, la sœur Thérèse, c'était le nom de l'Augustine, que la supérieure n'avait pas voulu laisser exposée seule aux dangers d'une si longue route.

A la fin de cette conversation, qui avait eu lieu sur le seuil de la porte de l'écurie, Gaston leva les yeux et vit, à son tour, Oven qui le regardait; cette curiosité de son laquais lui déplut.

— Que faites-vous donc là ? demanda le chevalier.

— J'attends les ordres de Monsieur, dit Oven.

Il n'y avait rien d'étonnant à ce qu'un laquais désœuvré regardât par une fenêtre; Gaston se contenta donc de froncer le sourcil.

— Connaissez-vous ce garçon ? demanda Gaston au jardinier.

— Monsieur Oven, votre domestique, répondit celui-ci étonné de la question, sans doute, je le connais, puisque nous sommes du même pays.

— Tant pis, murmura Gaston.

— Oh! c'est un brave garçon que monsieur Oven, reprit le jardinier.

— N'importe! dit Gaston, pas un mot d'Hélène, je vous prie.

Le jardinier le lui promit; d'ailleurs, il était plus que personne intéressé à garder le secret sur ses relations avec le cheva-valier. La découverte du prêt de la clé eût immédiatement été suivie de la perte de sa place, et c'est une place excellente pour un homme qui sait la faire valoir, que la place de jardinier d'un couvent d'Augustines.

Gaston rentra alors dans la salle commune où il trouva Oven qui l'attendait; il fallait l'éloigner de là, il lui ordonna de seller les chevaux,

Le jardinier avait pendant ce temps pressé les postillons, et l'on n'avait fait que dételer et ratteler. La voiture était donc prête à partir et n'attendait plus que les voyageuses qui, après un court et frugal repas, car on était en un jour d'abstinence, traversèrent de nouveau la salle. A la porte, les deux dames trouvèrent Gaston, la tête découverte, se tenant prêt à leur offrir la main pour monter en voiture. Ces politesses, de la part des jeunes seigneurs, étaient fort de mise à cette époque à l'égard des jeunes filles; d'ailleurs, même pour l'Augustine, Chanlay n'était pas tout-à-fait inconnu. Elle reçut donc ses soins sans trop faire la duègne et le remercia même par un gracieux sourire: il va sans dire, qu'après avoir offert la main à la sœur Thérèse, Gaston eut le droit de l'offrir à Hélène. C'était là, comme on comprend bien, où il avait voulu en arriver.

— Monsieur, dit Oven, derrière le chevalier, les chevaux sont prêts.

— C'est bien! répondit Gaston, je prends un verre de vin et je pars.

Gaston salua une dernière fois les deux dames; le coche partit tandis que Gaston remontait dans sa chambre, et au grand étonnement de son laquais, se faisait apporter une troisième bouteille, car la se-

conde avait disparu comme la première :
Il est vrai que du contenu des trois bouteilles, Gaston n'avait pas bu en tout un verre et demi de vin.

Cette nouvelle station, à sa table, fit encore gagner à Gaston un quart-d'heure ; après quoi, n'ayant plus aucun motif de demeurer à Oudon, et presqu'aussi pressé maintenant qu'Oven de se remettre en route, il remonta à cheval et partit.

Ils n'avaient pas fait un quart de lieue, qu'au détour du chemin et à cinquante pas devant eux, ils virent la voiture verte et noire qui, ayant rompu la glace qui la couvrait, était si profondément enfoncée dans une ornière, que malgré les efforts du jardinier qui soulevait la roue et les exhortations accompagnées de coups de fouet que le postillon adressait aux chevaux, la voiture restait stationnaire.

C'était un véritable coup du ciel que cet accident. Gaston ne pouvait laisser deux femmes dans un pareil embarras, surtout lorsque le jardinier reconnaissant son pays Oven, qui ne l'avait pas reconnu sous son capuchon, fit un appel à son obligeance ; les deux cavaliers mirent donc pied à terre, et comme la bonne sœur Augustine avait grand peur, on ouvrit la portière, les deux femmes descendirent sur la route, et alors avec le secours puissant de Gaston et d'Oven, la voiture sortit du mauvais pas où elle s'était mise.

Les deux dames reprirent leur route et l'on continua le chemin.

Seulement la connaissance était faite et elle commençait par un service rendu, ce qui mettait le chevalier en excellente position; la nuit s'avançait et sœur Thérèse s'était timidement informée au chevalier s'il croyait la route sûre. La pauvre Augustine qui n'était jamais sortie de son couvent, croyait les grandes routes infestées de voleurs. Gaston s'était bien gardé de la rassurer tout-à-fait; à cet endroit seulement, il lui avait dit que comme il faisait la même route qu'elle, et comme elle devait même s'arrêter à Ancenis, lui et son domestique escorteraient la voiture d'ici-là. Cette offre qu'elle avait regardée comme on ne peut plus galante, et qu'elle avait acceptée sans hésitation aucune, avait tout-à-fait rassuré la bonne sœur Thérèse.

Pendant toute cette petite comédie, Hélène avait jouée admirablement son rôle, ce qui prouve qu'une jeune fille, si simple et si naïve qu'elle soit, porte en elle-même son instinct de dissimulation, qui n'attend que le moment favorable pour se développer.

On avait aussitôt continué la route vers Ancenis ; or, comme la route était étroite, rabotteuse et glissante, que de plus la nuit était promptement venue, Gaston avait continué son chemin en se tenant près de la portière, ce qui avait donné toute facilité à sœur Thérèse de lui adresser quelques questions. Elle avait alors appris que le jeune homme s'appelait le chevalier de Livry, était frère d'une des pensionnaires les plus chéries des Augustines, laquelle depuis trois ans avait épousé Montlouis, et forte de cette connaissance, sœur Thérèse ne voyait plus aucun inconvénient à accepter l'escorte du chevalier, opinion sur laquelle Hélène se garda bien de la faire revenir.

On s'arrêta à Ancenis, comme la chose avait été convenue d'avance. Gaston, toujours avec la même politesse et aussi la même retenue, offrit la main aux deux femmes pour les aider à descendre de voiturin. Le jardinier avait confirmé tout ce qu(e) Gaston avait dit de sa parenté avec mademoiselle de Livry, de sorte que la sœur Thérèse n'avait aucun soupçon ; elle trouvait même ce gentilhomme fort convenable et fort poli, parce qu'il ne s'approchait et ne s'éloignait qu'avec de profondes révérences.

Aussi le lendemain fut-elle fort joyeuse, lorsqu'au moment de monter en voiture, elle le trouva déjà en selle, avec son laquais, dans la cour de l'auberge, il va sans dire que le chevalier mit aussitôt pied à terre, et avec les révérences accoutumées, offrit la main aux deux dames pour monter en voiture. En accomplissant cet acte, Hélène sentit que son amant lui glissait dans la main un petit billet; un coup-d'œil de la jeune fille lui annonça qu'il aurait le soir même la réponse.

.

La route était encore plus mauvaise que la veille, aussi comme par cette circonstance le besoin d'aide était devenu encore plus grand, Gaston ne quittait pas d'un seul instant la voiture; à chaque instant la roue s'enfonçait dans une ornière : tantôt il fallait prêter main-forte au postillon et au jardinier; tantôt c'était une montée qui était trop rude et il fallait que les dames descendissent, aussi la pauvre Augustine ne savait comment remercier Gaston.
— Mon Dieu! disait-elle à chaque instant à Hélène, que serions-nous devenues si

Dieu n'avait envoyé à notre secours ce bon et excellent gentilhomme.

Le soir, un peu avant d'arriver à Angers, Gaston demanda à ces dames quelle était l'auberge à laquelle elles comptaient descendre. L'Augustine consulta un petit carnet sur lequel étaient écrites d'avance les différentes étapes qu'elles devaient faire, et répondit qu'elles s'arrêteraient à la *Herse d'Or*. C'était par hasard aussi dans cet hôtel que logeait le chevalier; aussi envoya-t-il d'avance Oven pour retenir les logements.

En arrivant, Gaston eut son petit billet qu'Hélène avait écrit pendant le dîner et qu'elle lui remit en descendant de carrosse.

Hélas ! les pauvres enfants avaient déjà oublié tout ce qui avait été dit de part et d'autre pendant la nuit de l'entrevue à la fenêtre ; ils parlaient de leur amour comme s'il devait durer sans cesse, et de leur bonheur, comme s'il n'avait pas pour terme, le terme même du voyage.

Quant à Gaston, il lut ce billet avec une profonde tristesse ; lui ne se faisait pas illusion ; lui voyait l'avenir comme il était réellement ; c'est-à-dire, désespéré. Lié comme il l'était par son serment à une conjuration, envoyé à Paris pour accomplir une mission terrible, il ne prenait la joie qui lui arrivait que comme un sursis au malheur, mais le malheur était toujours là au bout de cette joie, menaçant et terrible.

Cependant il y avait des moments de la journée où tout cela s'oubliait, c'étaient ceux où Gaston côtoyait la voiture, ou donnait le bras à Hélène pour gravir quelque côte ; c'étaient alors des regards si tendres échangés par les deux amants, que le cœur leur en fondait de bonheur, c'étaient des mots compris d'eux seulement et qui étaient des promesses d'amour éternel, c'étaient des sourires célestes qui, pour un instant, ouvraient le ciel au pauvre chevalier. A chaque instant la jeune fille passait sa charmante tête par la portière comme pour admirer la montagne ou la vallée, mais Gaston savait bien que c'était lui seul que son amie regardait et que les montagnes et les vallées, si pittoresques qu'elles fussent, n'eussent point donné à ses yeux une si adorable langueur.

La connaissance arrivée au point où elle en était, Gaston avait mille motifs pour ne pas quitter la voiture, et il en profita largement; c'étaient pour ce malheureux, à la fois, les premières et les dernières belles lueurs de sa vie. Il admirait avec un sentiment d'amère révolte contre son destin, comment en goûtant pour la première fois le bonheur, il allait en être à jamais privé; il oubliait que c'était lui-même qui s'était lancé dans cette conspiration, qui maintenant l'enveloppait, l'étreignait de tout côté, le forçait de suivre un chemin qui le conduirait à l'exil ou à l'échafaud, tandis que s'embranchant avec ce chemin, il en découvrit un autre riant et joyeux, qui l'eût mené tout droit et sans secouse au bonheur; il est vrai que lorsqu'il s'était jeté dans cette conjuration fatale, il ne connaissait pas Hélène, et se croyait seul et isolé dans le monde. Le pauvre insensé, à vingt-deux ans, il avait cru que ce monde lui avait à tout jamais refusé ses joies et l'avait impitoyablement deshérité de ses plaisirs. Un jour il avait rencontré Hélène, et de ce moment le monde lui avait apparu comme il était véritablement, c'est-à-dire plein de promesses pour qui sait les attendre, plein de récompenses pour qui sait les mériter ; mais il était trop tard, Gaston était déjà entré dans une voie qui ne lui laissait pas la possibilité du retour; il fallait aller en avant sans cesse et atteindre, quel qu'il fut, le but heureux ou fatal, mais à coup sûr sanglant, vers lequel il marchait.

Aussi dans ces derniers instants qui lui étaient donnés, rien n'échappait au pauvre chevalier, ni un serrement de main, ni un mot des lèvres, ni un soupir du cœur, ni le contact des pieds sous la table de l'auberge, ni le frôlement de la robe de laine qui effleurait son visage lorsqu'Hélène montait en voiture, ni la douce pression de son corps lorsqu'elle en descendait.

Dans tout ceci, comme on le pense bien.

Oven était oublié, et les soupçons qui étaient venus à l'esprit de Gaston dans une mauvaise disposition d'humeur, s'étaient envolés comme ces sombres oiseaux de la nuit qui disparaissent quand vient le soleil. Gaston n'avait donc pas vu que d'Oudon au Mans, Oven avait causé encore avec deux autres cavaliers pareils à celui qu'il avait vu partir le premier soir, et qui, comme celui-ci, reprenaient tous la route de Paris.

Mais Oven qui n'était pas amoureux, ne perdait rien, lui, de ce qui se passait entre Gaston et Hélène.

Cependant à mesure qu'ils avançaient, Gaston devenait plus sombre car ce n'était plus par jour qu'il comptait, mais par heure ; déjà depuis une semaine on était en chemin, et si lentement qu'on eut marché, il fallait toujours finir par arriver. Aussi, lorsqu'en arrivant à Chartres, l'aubergiste interrogé par sœur Thérèse, répondit de sa bonne grosse voix indifférente.

— Demain, en vous pressant un peu, vous pourrez atteindre Rambouillet.

Il sembla à Gaston que c'était comme s'il eut dit : demain vous serez séparés pour toujours.

Hélène vit l'impression profonde que ces quelques mots firent sur Gaston, il devint si pâle, qu'elle fit un pas vers lui, en demandant s'il se trouvait indisposé ; mais

Gaston la rassura avec un sourire et tout fut dit.

Cependant Hélène avait ses doutes au fond du cœur. Hélas! la pauvre enfant aimait comme aiment les femmes quand elles aiment ; c'est-à-dire avec la force ou plutôt avec la faiblesse de tout sacrifier à leur amour ; elle ne comprenait pas comment le chevalier, qui était un homme, ne trouvait pas quelque moyen de combattre cette injuste volonté du destin qui les séparait. Si bien que fussent fermées les portes du couvent, à ces livres pervertisseurs de la jeunesse, qu'on appelle des romans, il s'était bien glissé jusqu'à elle quelques volumes dépareillés de *la Clélie* ou du *grand Cyrus*, et elle avait vu comment les chevaliers et les demoiselles de l'ancien temps se tiraient d'affaires en pareils cas ; c'est-à-dire en fuyant leurs persécuteurs et en cherchant quelque vénérable ermite qui les mariait bel et bien devant une croix de bois et un autel de pierre ; encore fallait-il souvent pour arracher la jeune fille aux persécuteurs, séduire des gardiens, renverser des murailles pourfendre des enchanteurs ou des génies, ce qui n'était pas chose facile, et qui cependant s'accomplissait toujours à la plus grande gloire de l'amant aimé. Or, rien de tout cela n'était à faire, ni gardiens à séduire que la pauvre sœur, nulle muraille à renverser, puisqu'on n'avait qu'une portière à ouvrir, aucun enchanteur ni géant à pourfendre excepté le jardinier qui ne paraissait pas bien redoutable, et qui d'ailleurs, s'il fallait en croire l'histoire de la clé de la grille, était d'avance dans les intérêts du chevalier.

Hélène ne comprenait donc pas cette soumission passive aux décrets de la Providence, et elle s'avouait à elle-même qu'elle eut voulu voir faire quelque chose au chevalier pour lutter contre eux.

Mais Hélène était injuste envers Gaston ; les mêmes idées, à lui aussi, lui passaient par la tête et il faut l'avouer, le tourmentaient cruellement. Il devinait aux regards de la jeune fille, qu'il n'avait qu'un mot à dire pour qu'elle le suivit au bout du monde ; il avait de l'or plein sa valise, un soir au lieu de se coucher, Hélène pourrait descendre, tous deux alors n'avaient qu'à monter dans une vraie chaise, traînée par de vrais chevaux de poste, et marcher, comme on a marché de tous temps, en payant bien : en deux jours ils étaient au-delà de la frontière, hors de toute poursuite, libres et heureux, non pas pour une heure, pour un mois, pour un an, mais pour toujours.

Oui, mais il y avait un mot qui s'opposait à tout cela, un simple assemblage de lettres représentant un sens aux yeux de certains hommes, n'ayant aucune valeur auprès de certains autres, ce mot : c'était le mot *honneur*.

Gaston avait engagé sa parole vis-à-vis

de quatre hommes d'honneur comme lui; ces hommes s'appelaient : de Pontcalec, de Montlouis, du Couëdic et Talhouët, il était déshonoré s'il ne la tenait pas.

Aussi, le chevalier était-il bien décidé à subir son malheur dans toute son étendue, mais à tenir sa parole ; il est vrai qu'à chaque fois qu'il remportait cette victoire sur lui-même, une douleur poignante lui déchirait le cœur.

C'était pendant un de ces combats, qu'Hélène avait jeté sur lui un regard, et c'est au moment où il venait de remporter une de ces victoires, qu'il pâlit si fort qu'elle crut qu'il allait mourir.

Aussi s'attendait-elle bien positivement

à ce que le soir Gaston agirait ou du moins parlerait, car cette soirée était la dernière ; mais à son grand étonnement, Gaston ne parla ni n'agit; aussi Hélène se coucha-t-elle le cœur serré, et les larmes aux yeux, convaincue qu'elle était, qu'elle n'était point aimée comme elle aimait.

Elle se trompait fort, car cette nuit-là Gaston ne se coucha pas du tout et le jour le retrouva plus pâle et plus désespéré que jamais.

De Chartres où la nuit, comme nous l'avons dit, s'était passée lugubre et pleine de larmes pour les deux amants. On partit le matin pour Rambouillet, route de Gaston, destination d'Hélène. A Chartres,

Owen avait encore causé avec un de ces cavaliers vêtus de gris qui semblaient des sentinelles posées sur la route; et plus joyeux que jamais de se trouver si proche de Paris, qu'il désirait tant voir, il hâtait la marche du cortège.

On déjeuna dans un village, le déjeuner fut silencieux. L'Augustine songeait que le soir elle reprendrait la route de son cher couvent, Hélène songeait que Gaston se décidât-il maintenant, il était trop tard pour agir; Gaston songeait que le soir-même il allait abandonner la douce compagnie de cette femme aimée, pour la terrible société d'hommes mystérieux et inconnus auxquels une œuvre fatale devait le lier à jamais.

Vers trois heures de l'après-midi, on arriva à une montée si rapide, qu'il fallut mettre pied à terre : Gaston offrit son bras à Hélène, l'Augustine prit celui du jardinier, et l'on gravit la pente. Les deux amants, marchant donc côte à côte, leurs cœurs débordaient; Hélène, silencieuse, sentait les larmes couler tout le long de ses joues, Gaston sentait sa poitrine chargée d'un poids énorme, car lui ne pleurait pas, non que l'envie lui en manquât, mais parce que sous prétexte qu'il était un homme, il n'osait pleurer.

Ils arrivèrent au haut de la montée, les premiers et bien avant la vieille Augustine; et là, tout-à-coup, devant eux, à l'horizon, ils virent se dresser un clocher, et, autour de ce clocher, bon nombre de maisons qui se groupaient comme font des brebis autour de leur berger.

C'était Rambouillet; personne ne le leur dit et cependant, en même temps et du même coup, tous deux le devinèrent.

Gaston, quoique le plus oppressé, rompit le premier le silence.

— Là-bas, dit-il en étendant la main vers ce clocher et ces maisons, là-bas, nos destinées vont se séparer peut-être pour jamais ; oh ! je vous en conjure, Hélène, conservez ma mémoire et, quelqu'événement qui arrive, ne la maudissez jamais.

— Vous ne me parlez jamais que de choses désespérées, mon ami, dit Hélène ; j'ai besoin de courage et, au lieu de m'en donner, vous me brisez le cœur. N'avez-vous donc rien à me dire, mon Dieu, qui me fasse enfin un peu de joie? Le présent est terrible, je le sais bien; mais l'avenir est donc aussi terrible que le présent? Enfin, l'avenir, c'est beaucoup d'années pour nous et, par conséquent, beaucoup d'espoir. Nous sommes jeunes, nous nous aimons; n'y a-t-il donc pas moyen de lutter contre la mauvaise destinée du moment? Oh! tenez, Gaston, je sens en moi une force immense, et si vous me disiez... Mais, tenez, je suis insensée; c'est moi qui souffre et c'est moi qui console.

— Je vous comprends, Hélène, répondit Gaston en secouant la tête, vous me demandez une promesse, rien qu'une promesse, n'est-ce pas? Eh bien! voyez si je suis malheureux, je ne puis promettre! Vous me demandez d'espérer, je désespère. Si j'avais seulement, je ne dirai pas vingt ans, dix ans; mais une année à moi, je vous l'offrirais, Hélène, et me regarderais comme un homme heureux; mais il n'en est pas ainsi, du moment où je vous quitte; vous me perdez et je vous perds; à partir de demain matin, je ne m'appartiens plus.

— Malheureuse! s'écria Hélène, prenant les mots à la lettre; m'auriez-vous trompée, en me disant que vous m'aimiez? Seriez-vous fiancé à une autre femme?

— Pauvre amie, dit Gaston; sur ce point au moins, je puis vous rassurer; je n'ai pas d'autre amour que vous, je n'ai pas d'autre fiancée que vous.

— Eh bien! mais alors, nous pouvons donc être encore heureux, Gaston; si j'obtenais de ma nouvelle famille qu'elle vous regardât comme mon mari?

— Hélène, ne voyez-vous pas que chacune de vos paroles me brise le cœur?

— Mais, au moins, dites-moi quelque chose?

— Hélène, il est des devoirs auxquels on ne peut se soustraire, des liens qu'on ne peut rompre!

— Je n'en connais pas! s'écria la jeune fille. On me promet une famille, de la richesse, un nom; eh bien! dites un mot, Gaston, dites-le, et je vous préfère à tout. Pourquoi donc vous, de votre côté, n'en feriez-vous pas autant?

Gaston baissa la tête et ne répondit point. En ce moment l'Augustine les rejoignit : La nuit commençait à tomber, aussi ne vit-elle pas le visage bouleversé des deux jeunes gens.

Les femmes remontèrent en voiture, le jardinier se hissa sur son siége, et Gaston et Oven se remirent en selle; puis on continua la route vers Rambouillet,

— A une lieue de la ville, l'Augustine appela elle-même Gaston, lequel se rapprocha davantage encore de la portière.

C'était pour lui faire observer que peut-être on viendrait au-devant d'Hélène, et que des visages étrangers, surtout des visages d'hommes, seraient déplacés dans cette entrevue. Gaston avait aussi songé à cette circonstance; mais il n'avait pas eu le courage d'en parler. Il s'approcha donc encore d'un pas. Hélène attendait et espérait. Qu'attendait-elle et qu'espérait-elle? elle l'ignorait elle-même.

Que la douleur porterait Gaston à quelque extrémité; mais Gaston se contenta de s'incliner profondément, remercia les dames d'avoir permis qu'il leur fît compagnie, et fit mine de s'éloigner.

Hélène n'était pas une femme ordinaire;

elle vit, à l'air de Gaston, qu'il partait la mort dans le cœur:

— Est-ce adieu, ou est-ce au revoir? dit-elle hardiment.

Le jeune homme se rapprocha tout palpitant.

— Au revoir! dit-il, si vous me faites cet honneur.

Et il s'éloigna au grand trot.

VII

Une chambre de l'hôtel du Tigre royal
à Rambouillet.

Gaston s'était éloigné sans dire un seul mot sur l'adresse où l'on se reverrait, ni sur les moyens de se revoir, mais Hélène pensa bien que c'était l'affaire d'un homme de s'occuper de tout cela, elle le suivit seulement des yeux jusqu'à ce qu'il eût disparu dans la nuit, un quart d'heure après elle entra dans Rambouillet.

Alors l'Augustine tira un papier de sa large poche, et lut à la lueur du fallot placé près de la portière, l'adresse suivante :

— Madame Desroches, hôtel du Tigre Royal.

L'Augustine transmit aussitôt les renseignements au postillon, et dix minutes après la voiture s'arrêtait à l'adresse désignée.

Aussitôt, une femme qui attendait dans une chambre de l'hôtel qui s'ouvrait sous la grande porte, sortit avec précipitation. s'avança vers la voiture et avec une révérence respectueuse, aida les dames à sortir de leur chaise ; elle les guida ensuite pendant quelques pas dans une allée sombre, précédée d'un valet qui portait deux lanternes peintes.

Une porte s'ouvrit sur un vestibule de belle apparence, mademoiselle Desroches s'effaça, fit monter devant elle Hélène et sœur Thérèse, et les deux voyageuses au bout de cinq minutes se trouvèrent assises sur un sofa moëlleux en face d'un feu clair et pétillant.

La chambre dans laquelle on se trouvait était belle, grande et meublée avec recherche : le goût de l'époque encore assez sévère, car on n'avait pas atteint le temps capricieux que nous avons baptisé du nom de Rococo, s'y faisait sentir de tout côté ; quant à l'architecture, il appartenait au style triste et majestueux du grand règne, d'immenses glaces avec leurs cadres dorés s'élevaient au-dessus et en face de la cheminée, un lustre à girandoles dorées pendait au plafond, et des lions dorés servaient de garde-feu.

Dans ce salon il y avait quatre portes.

La première était celle par laquelle on était entré.

La seconde conduisait à la salle à manger, qui se trouvait toute éclairée, toute chauffée et toute servie.

La troisième donnait dans une chambre à coucher, fort décemment garnie.

La quatrième était fermée et ne s'ouvrit point.

Hélène admirait sans s'étonner toutes les magnificences, comme aussi le silence des valets, leur air calme et respectueux, si différent des joyeuses faces des hôteliers empressés qu'on avait vus sur la route ; quant à l'Augustine, elle marmottait son bénédicité en convoitant le souper fumant sur la table, se félicitant tout bas que l'on ne fut pas dans un jour maigre.

Au bout d'un instant, madame Desroches qui avait accompagné les deux voyageuses dans le salon et qui ensuite les avait laissées seules, rentra une seconde fois et s'approchant de l'Augustine, lui remit une lettre, que celle-ci ouvrit avec le plus grand empressement.

La lettre contenait l'avis suivant :

« La sœur Thérèse pourra passer la
« nuit à Rambouillet ou repartir ce soir-
« même à son gré, elle recevra deux cents
« louis, gratification offerte par Hélène à
« son cher couvent et abandonnera sa
« pensionnaire aux soins de Madame Des-
« roches, honorée de la confiance des pa-
« rents d'Hélène. »

Au bas de cette lettre et en place de signature, était un chiffre que la sœur rapprocha d'un cachet imprimé sur une lettre qu'elle apportait de Clisson. Lorsque l'identité fut constatée.

— Allons, dit-elle, chère enfant, nous allons nous quitter après le souper.

— Comment, déjà! s'écria Hélène, qui se rattachait par sœur Thérèse seulement à sa vie passée.

— Oui, mon enfant, on m'offre bien, il est vrai, de coucher ici, mais j'aime mieux, je vous le dis, repartir ce soir-même, car j'ai grande hâte de rejoindre notre bonne maison de Bretagne, où j'ai toutes mes habitudes et où rien ne manquera à ma joie, sinon que vous n'y serez plus, ma chère enfant.

Hélène jeta en pleurant ses bras au cou de la bonne sœur : elle se rappelait sa jeunesse passée si doucement au milieu de ces compagnes toutes dévouées à elle, soit que le respect, leur eût été recommandé par la supérieure, soit qu'elle-même eût su se faire chérir ; par un de ces miracles de la pensée que la science n'expliquera jamais, les vieilles charmilles, le beau lac, les cloches augustines, lui revinrent à la mémoire et toute cette existence qu'elle regardait déjà comme un rêve perdu, repassa joyeuse et vivante devant ses yeux fermés.

La bonne sœur Thérèse, de son côté, pleurait à chaudes larmes, et cet événement inattendu lui avait si bien coupé l'appétit, qu'elle se relevait déjà pour partir sans avoir mangé, lorsque madame Desroches rappela aux deux femmes que le souper était servi et fit observer à sœur Thérèse, que si elle voyageait, comme c'était son intention, toute la nuit, elle ne trouverait aucune auberge ouverte, et par conséquent rien à manger jusqu'au lendemain matin ; elle l'invitait donc à prendre quelque chose ou tout au moins à faire ses provisions.

Sœur Thérèse convaincue par ce raisonnement plein de logique, se décida enfin à se mettre à table et pria tant Hélène de lui tenir compagnie, que celle-ci s'assit devant elle, mais sans qu'elle put se décider à rien prendre ; quant à la religieuse, elle mangea à la hâte quelques fruits et but un demi verre de vin d'Espagne, puis elle se leva et embrassa encore une fois Hélène qui voulait l'accompagner, au moins jusqu'à sa voiture, mais à laquelle madame Desroches fit observer que l'auberge du Tigre-Royal étant pleine d'étrangers, il serait inconvenant qu'elle quittât sa chambre et s'exposât à être vue.

Hélène alors demanda à revoir le jardinier qui leur avait servi d'escorte; le pauvre homme avait sollicité la faveur de dire adieu à la pensionnaire, mais il va sans dire qu'on s'était peu préoccupé de ses sentimentales réclamations. Cependant, à peine madame Desroches entendit-elle Hélène exprimer un désir en harmonie avec le sien, qu'elle le fit monter à son tour et qu'il lui fut permis de voir encore une fois celle dont il croyait bien se séparer pour toujours.

Dans les moments suprêmes, et Hélène était arrivée à un de ces moments, tous les objets ou toutes les personnes que l'on quitte, grandissent et se rattachent au cœur; aussi cette vieille religieuse et ce pauvre jardinier étaient-ils devenus des amis pour elle; elle eut donc toutes les peines du monde à les quitter, les rappelant au moment où ils allaient sortir, recommandant : à l'une ses amies et à l'autre ses fleurs ; puis au milieu de tout cela, lui jetant quelques regards de remerciement qui avaient rapport à la clé de la grille.

Puis comme madame Desroches vit qu'Hélène cherchait, mais inutilement dans sa poche, car le peu d'argent qu'elle avait, était enfermé au fond de sa malle.

— Mademoiselle, lui demanda-t-elle, aurait-elle besoin de quelque chose ?

— Oui, dit Hélène, j'aurais voulu laisser un souvenir à ce brave homme.

Alors madame Desroches remit vingt-cinq louis à Hélène, qui sans les compter, les glissa dans la main du jardinier, dont à cette marque de générosité inattendue les cris et les larmes redoublèrent.

Enfin il fallut se quitter, la porte se referma sur eux, Hélène courut à la fenêtre : les volets étaient fermés et l'on ne pouvait voir dans la rue ; Hélène écouta : un instant après elle entendit le roulement d'une voiture, ce roulement s'éloigna peu-à-peu et s'éteignit : en cessant de l'entendre, Hélène tomba dans un fauteuil.

Alors madame Desroches s'approcha et fit observer à la jeune fille qu'elle s'était bien assise à table, mais qu'elle n'avait rien pris, Hélène consentit à souper, non pas qu'elle eut faim, mais espérant avoir le soir même des nouvelles de Gaston, elle chercha à gagner du temps.

Elle se mit donc à table, invitant madame Desroches à en faire autant, mais ce ne fut que sur les prières réitérées d'Hélène que sa nouvelle dame de compagnie y consentit, cependant quelles que fussent les instances de la jeune fille, elle ne voulut point manger et se contenta de la servir.

Le souper terminé, madame Desroches marcha devant Hélène et lui montrant sa chambre à coucher, lui dit :

— Maintenant, mademoiselle, vous sonnerez quand il vous plaira pour appeler une femme de chambre qui se tient à vos ordres, car vous saurez que ce soir-même, vous recevrez probablement une visite.

— Une visite? s'écria Hélène en interrompant madame Desroches.

— Oui Mademoiselle, reprit celle-ci, une visite de l'un de vos parents.

— Et le parent est-il celui qui veille sur moi !

— Depuis votre naissance, mademoiselle.

— Oh! mon Dieu! s'écria Hélène, en mettant la main sur son cœur, et vous dites qu'il va venir ?

— Je le crois, car il a bien grande hâte de vous connaître.

— Oh! murmura Hélène; oh! il me

semble, que je vais me trouver mal.

Madame Desroches courut à elle, et la soutint entre ses bras.

— Éprouvez-vous donc tant de frayeurs, lui dit-elle, à vous trouver près de quelqu'un qui vous aime ?

— Ce n'est pas de la frayeur, dit Hélène, c'est du saisissement, je n'étais pas prévenue que ce serait ce soir, et cette nouvelle si importante et que cependant vous m'avez transmise sans ménagement, m'a toute étourdie.

— Mais ce n'est pas le tout, continua madame Desroches, cette personne est forcée de s'entourer du plus grand mystère.

— Et pourquoi cela ?

— Il m'est défendu de répondre à cette question, Mademoiselle.

— Mon Dieu ! mais que signifient donc de pareilles précautions vis-à-vis d'une pauvre orpheline, comme moi.

—Elles sont nécessaires, croyez-le bien.

— Mais enfin, en quoi consistent-elles.

— D'abord vous ne pouvez voir le visage de cette personne, car si par hasard vous la rencontriez plus tard, elle ne doit pas être reconnue de vous.

— Alors cette personne viendra donc masquée ?

— Non Mademoiselle, mais on éteindra toutes les lumières.

— Et alors nous serons dans l'obscurité ?

— Oui.

— Mais vous resterez avec moi ? n'est-ce pas ? Madame Desroches.

— Non mademoiselle, cela m'est expressément défendu.

— Par qui ?

— Par la personne qui doit vous venir voir.

— Mais cette personne vous lui devez donc l'obéissance la plus absolue?

— Je lui dois plus que cela, mademoiselle, je lui dois le plus profond respect.

— La personne qui viendra est donc de qualité?

— C'est un des plus grands seigneurs de France.

— Et ce grand seigneur est mon parent.

— Le plus proche?

— Au nom du ciel, Madame Desroches, ne me laissez pas dans cette incertitude sur ce point.

— J'ai déjà eu l'honneur de vous dire, Mademoiselle, qu'il y avait certaines questions auxquelles il m'était expressément défendu de répondre. Et madame Desroches fit un pas pour se retirer.

— Vous me quittez? s'écria Hélène.

— Je vous laisse à votre toilette.

— Mais, Madame...

Madame Desroches fit alors une profonde révérence, pleine de cérémonie et de respect, et sortit à reculons en fermant la porte de la chambre après elle.

VIII

Un piqueur à la livrée de S. A. R. Monseigneur le duc d'Orléans.

Pendant que les choses que nous venons de raconter se passaient dans le pavillon de l'hôtel du Tigre-Royal, dans une chambre de l'hôtel même, un homme assis près d'un grand feu, secouait ses bottes couvertes de neige et détachait les cordons d'un large portefeuille.

Cet homme était vêtu d'un costume de piqueur, à la livrée de chasse de la maison d'Orléans : Habit rouge et argenté, culottes de peau, longues bottes, chapeau à trois cornes, galonné d'argent ; l'œil vif, le nez long, pointu et bourgeonnant, le front bombé, et plein d'une franchise que démentaient ses lèvres minces et serrées ; Il feuilletait avec soin, sur une table posée devant lui, les papiers dont le portefeuille était gonflé.

Cet homme, par une habitude qui lui était particulière, parlait tout seul ou plutôt marmottait entre ses dents des phrases qu'il interrompait par des exclamations et des jurements qui semblaient moins appartenir au sens des paroles qu'il prononçait, qu'à d'autres pensées qui lui traversaient instantanément l'esprit.

— Allons, allons, disait-il, monsieur de Montaran ne m'a point trompé, et voilà mes Bretons à la besogne ; mais comment diable est-il venu à si petites journées ? parti le 11, à midi, arrivé le 21 à six heures du soir, seulement. Hum ! Cela me cache probablement quelque nouveau mystère que va m'éclaircir le garçon que m'a recommandé M. de Montaran et avec lequel mes gens se sont mis en rapport tout le long de la route. Holà ! quelqu'un.

Et en même temps l'homme à l'habit rouge agita une sonnette d'argent ; un de ces coureurs vêtus de gris que nous avons remarqués sur la route de Nantes parut et salua.

— Ah! c'est vous, Tapin, dit l'homme à l'habit rouge.

— Oui, Monseigneur ; l'affaire étant importante, j'ai voulu venir en personne.

— Vous avez interrogé les hommes que vous aviez placés sur la route ?

— Oui, Monseigneur; mais ils ne savent rien, que les différentes étapes qui ont été successivement faites par notre conspirateur, c'est, au reste, tout ce qu'on les avait chargés d'apprendre.

— Oui, je vais tâcher d'en savoir davantage par le domestique. Quel homme est-ce ?

— Mais, un de ces niais malins, moitié Normand, moitié Breton; une mauvaise pratique, en somme.

— Que fait-il en ce moment?

— Il sert le souper de son maître.

— Qu'on a placé, comme je l'ai dit, dans une chambre au rez-de-chaussée ?

— Oui, Monseigneur.

— Dans une chambre sans rideaux ?

— Oui, Monseigneur.

— Et vous avez fait un trou au contrevent ?

— Oui, Monseigneur.

— Bien, envoyez-moi ce valet, et tenez-vous toujours prêt à portée de la main.

— Je suis là.

— A merveille.

L'homme à l'habit rouge tira de son gousset une montre de prix qu'il consulta.

— Huit heures et demie, dit-il ; à cette heure, monseigneur est de retour de Saint-Germain et demande Dubois. Or, comme on lui dit que Dubois n'y est pas, il se frotte les mains et s'apprête à faire quelque folie. Frottez-vous les mains, Monseigneur, et faites votre escapade à loisir. Ce n'est pas à Paris qu'est le danger, c'est ici. Ah! nous verrons si cette fois vous vous moquerez encore de ma police secrète. Ah! voici notre homme.

En effet, en ce moment, M. Tapin introduisit Oven.

— Voici la personne demandée, dit-il.

Et, fermant la porte, il se retira aussitôt.

Oven resta debout et tremblant à la porte, tandis que Dubois, enveloppé dans un grand manteau qui ne laissait voir que le haut de sa tête, fixait sur lui ses yeux de chat tigre.

— Approche, mon ami, dit Dubois.

Malgré la cordialité de cette invitation, elle était faite d'une voix si stridente, qu'Oven eût fort désiré être, pour le moment, à cent lieues de cet homme, qui le regardait d'une si étrange façon.

— Eh bien ! dit Dubois, voyant qu'il ne bougeait non plus qu'une souche, ne m'as-tu pas entendu, Maraud ?

— Si fait, Monseigneur, dit Oven.

— Alors, pourquoi n'obéis-tu pas ?

—. Je ne croyais pas que c'était à moi que vous faisiez cet honneur de me dire de m'approcher.

Et Oven fit quelques pas vers la table.

— Tu as reçu cinquante louis pour me dire la vérité ? continua Dubois.

—Pardon, Monseigneur, répondit Oven, à qui cette interrogation presqu'affirmative rendit une partie de sa hardiesse, je ne les ai pas reçus... on me les a promis.

Dubois tira une poignée d'or de sa poche, compta cinquante louis, et en fit une pile qu'il posa sur la table, où elle demeura tremblante et inclinée.

Oven regarda cette pile d'or avec une expression, qu'on eût cru étrangère à ce regard terne et voilé.

— Bon, dit Dubois, il est avare.

C'est qu'en effet, ces cinquante louis avaient toujours paru à Oven féeriques et invraisemblables ; il avait trahi son maître sans les espérer, rien qu'en les désirant; et cependant les cinquante louis promis étaient là, devant ses yeux.

— Est-ce que je puis les prendre? demanda Oven, en étendant la main vers la pile d'or.

— Un instant, dit Dubois qui s'amusait

à exciter cette cupidité que l'homme des villes eût cachée sans doute, mais que le paysan montrait à découvert, un instant; nous allons faire un marché.

— Lequel? dit Oven.

— Voilà les cinquante louis promis.

— Je les vois bien, dit Oven en passant sa langue sur ses lèvres, comme fait un chien alléché.

— A chaque réponse que tu feras à mes questions; si la réponse est importante, j'ajoute dix louis, si elle est ridicule et stupide, j'en ôte dix.

Oven ouvrit de grands yeux, le marché

lui paraissait évidemment arbitraire.

— Maintenant, causons, dit Dubois... d'où viens-tu ?

— De Nantes, en droite ligne.

— Avec qui ?

— Avec monsieur le chevalier Gaston de Chanlay.

Cet interrogatoire se composant évidemment de questions préparatoires, la pile restait la même.

— Attention, dit Dubois, en allongeant sa main maigre à la portée des louis.

— J'écoute de toutes mes oreilles, répondit Oven.

— Ton maître voyage-t-il sous son nom ?

— Il est parti sous son nom ; mais il en a pris un autre en route.

— Lequel ?

— Le nom de M. de Livry.

Dubois ajouta dix louis ; mais comme ils ne pouvaient tenir sur la pile, déjà trop haute, il en forma une seconde qu'il plaça près de la première.

Oven jeta un cri de joie.

— Oh! oh! dit Dubois, ne te réjouis pas encore, nous ne sommes pas au bout. Attention ; y a-t-il un M. de Livry, à Nantes ?

— Non, Monseigneur ; mais il y a une demoiselle de Livry.

— Qu'est-ce que cette demoiselle ?

— La femme de monsieur de Montlouis, un ami intime de mon maître.

— Bon, dit Dubois en ajoutant dix louis ; et que faisait ton maître, à Nantes ?

— Il faisait ce que font les jeunes seigneurs : il chassait, il faisait des armes, il allait au bal.

Dubois retira dix louis. Oven sentit un frisson qui lui courait par tout le corps.

— Attendez donc, attendez donc, dit-il; il faisait encore autre chose.

— Ah! voyons, dit Dubois, que faisait-il?

— Il sortait la nuit une ou deux fois par semaine, quittant la maison à huit heures du soir et ne rentrant d'habitude qu'à trois ou quatre heures du matin.

— Bon, fit Dubois; et où allait-il?

— Ça, je n'en sais rien, répondit Oven.

Dubois garda les dix louis dans sa main.

— Et depuis son départ, continua Dubois, qu'a-t-il fait ?

— Il a passé par Oudon, par Ancenis, par le Mans, par Nogent et par Chartres.

Dubois allongea la main et, de ses doigts pointus, pinça dix autres louis.

Oven poussa un cri de sourde douleur.

— Et en route, demanda Dubois, n'a-t-il fait connaissance avec personne.

— Avec une jeune pensionnaire des Augustines de Clisson, laquelle voyageait avec une sœur du couvent, nommée sœur Thérèse.

— Et comment appelait-on cette pensionnaire ?

— Mademoiselle Hélène de Chaverny.

— Hélène, le nom promet; et sans doute, cette belle Hélène est la maîtresse de ton maître ?

— Dam ! moi je n'en sais rien, répondit Oven; vous comprenez qu'il ne me l'a pas dit.

— Il est plein d'esprit ? dit Dubois en attaquant la pile et en retranchant dix louis des cinquante.

Une sueur froide coulait sur le front d'Oven. Quatre réponses comme celle-là, et il avait trahi son maître pour rien.

— Et ces dames vont à Paris avec lui? continua Dubois.

— Non Monsieur, elles s'arrêtent à Rambouillet.

— Ah! fit Dubois.

L'exclamation parut de bon augure à Oven.

— Et même, continua-t-il, la bonne sœur Thérèse est déjà repartie.

—Allons, dit Dubois, tout ceci n'est pas d'une grande importance; mais il ne faut pas décourager les commençants.

Et il ajouta dix louis à la pile.

— De sorte, reprit Dubois, que la jeune fille est restée seule ?

— Non pas, dit Oven.

— Comment, non pas ?

— Une dame de Paris, l'attendait.

— Une dame de Paris ?

— Oui.

— Sais-tu son nom ?

— J'ai entendu sœur Thérèse l'appeler madame Desroches.

—Madame Desroches, s'écria Dubois, et il recommença une autre pile de dix louis, tu dis madame Desroches ?

— Oui ; reprit Oven, rayonnant.

— Tu en es sûr ?

— Pardieu ! si j'en suis sûr, à preuve que c'est une femme grande, maigre, jaune.

Dubois ajouta dix louis ; Oven se repentit alors de ne pas avoir mis un intervalle entre chaque épithète, il est évident qu'il avait perdu vingt louis à sa précipitation.

—Grande, maigre, jaune, repéta Dubois, c'est bien cela.

— Quarante à quarante-cinq ans, ajouta Oven, en attendant cette fois.

— C'est bien cela, répéta Dubois en ajoutant dix autres louis.

— Habillée d'une robe de soie à grandes fleurs, continua Oven, qui voulait tirer parti de tout.

— C'est bien, reprit Dubois, c'est bien.

Oven vit que son interrogateur en savait assez sur la femme et il attendit.

— Et tu dis que ton maître a fait connaissance avec cette demoiselle en route?

— C'est-à-dire, Monsieur, maintenant que j'y pense, je crois que la connaissance était une comédie.

— Que veux-tu dire ?

— Je crois qu'ils se connaissaient avant de partir, et tenez même, j'en suis sûr, c'est elle que mon maître a attendu trois heures à Oudon.

— Bien, dit Dubois, en ajoutant dix louis ; allons, allons, on fera quelque chose de toi.

— Vous ne voulez plus rien savoir, dit Oven en étendant la main vers les deux piles qui lui offraient trente louis de bénéfice, avec la figure d'un joueur qui désire faire Charlemagne.

— Un instant, dit Dubois, la jeune fille est jolie.

— Comme un ange, dit Oven.

— Et sans doute, ils se sont donnés rendez-vous à Paris, ton maître et elle.

— Non Monsieur, je crois au contraire qu'ils se sont dit adieu pour toujours.

— Comédie encore.

— Je ne crois pas, M. de Chanlay était trop triste quand ils se sont quittés.

— Et ils ne doivent pas se revoir.

— Si fait, une derniere fois encore, je crois, et tout sera fini.

Allons, prends ton argent et souviens-toi que si tu dis un mot, dix minutes après, tu es mort.

Oven sauta sur les quatre-vingt louis, qui disparurent à l'instant, engloutis dans la poche profonde de sa culotte.

— Et maintenant, dit-il, je puis me sauver, n'est-ce pas ?

— Te sauver, imbécile, non pas, à partir de ce moment tu m'appartiens, car je t'ai acheté et c'est à Paris surtout que tu me seras utile.

— En ce cas, je resterai, Monsieur, je vous le promets, dit Oven, en poussant un profond soupir.

— Tu n'as pas besoin de le promettre, va.

En ce moment la porte s'ouvrit et M. Tapin reparut, le visage fort ébouriffé.

— Qu'y a-t-il de nouveau, demanda Dubois, qui se connaissait en visages.

— Une chose fort importante, Monseigneur, mais éloignez cet homme.

— Retourne auprès de ton maître, dit Dubois, et s'il écrit à qui que ce soit, souviens-toi que je suis on ne peut plus curieux de connaître son écriture.

Oven enchanté d'être libre pour le moment, salua et sortit.

—Eh bien! monsieur Tapin, dit Dubois, qu'y-a-t-il? voyons.

— Il y a, Monseigneur, qu'après la chasse de Saint-Germain, son Altesse Royale au lieu de retourner à Paris, s'est contentée d'y renvoyer ses équipages, et a donné l'ordre de partir pour Rambouillet.

— Pour Rambouillet, le Régent vient à Rambouillet?

— Il y sera dans une demi-heure, et il y serait déjà si par bonheur, pressé par la faim, il n'était rentré au château pour manger un morceau.

— Et que vient-il faire à Rambouillet?

— Je n'en sais rien, Monseigneur, à

moins que ce ne soit pour cette jeune fille qui vient d'arriver avec une religieuse et qui est logée dans le pavillon de l'hôtel.

— Vous avez raison, Tapin, c'est pour elle, c'est pour elle-même; madame Desroches, c'est bien cela, saviez-vous que madame Desroches était ici?

— Non Monseigneur, je l'ignorais.

— Et vous êtes sûr qu'il va venir? vous êtes sûr qu'on ne vous a pas fait un faux rapport? mon cher Tapin.

— Oh! Monseigneur, c'est l'Éveillé que j'avais lâché après son Altesse Royale, et ce que l'Éveillé dit, voyez-vous, c'est l'Évangile.

— Vous avez raison, reprit Dubois, qui paraissait connaître à fond les qualités de celui dont on faisait l'éloge, vous avez raison, si c'est l'Éveillé, il n'y a plus de doute.

— A telles enseignes que le pauvre garçon en a fourbu son cheval, qui est tombé en entrant à Rambouillet et qui n'a pu se relever.

— Trente louis pour le cheval, l'homme gagnera dessus ce qu'il pourra.

Tapin prit les trente louis.

— Mon cher, continua Dubois, vous connaissez la disposition du pavillon, n'est-ce pas ?

— A merveille.

— Quelle est-elle ?

— Il donne d'un côté sur la seconde cour de l'auberge, de l'autre côté, sur une ruelle déserte.

— Des hommes dans cette cour, des hommes dans cette ruelle, déguisés en palefreniers, en valets d'écurie, comme vous voudrez, qu'il n'y ait que Monseigneur et moi qui puissions entrer dans ce pavillon, Monsieur Tapin, il y va de la vie de son Altesse Royale.

— Soyez tranquille, Monseigneur.

— Ah ! vous connaissez notre Breton ?

— Je l'ai vu descendre de cheval.

— Vos hommes le connaissent ?

— Tous ils l'ont vu sur la route.

— Bien, je vous le recommande.

— Faut-il l'arrêter ?

— Peste ! gardez-vous en bien, monsieur Tapin, il faut le laisser aller, il faut le laisser faire, il faut lui donner beau jeu, afin qu'il fasse, qu'il agisse ; si nous l'arrêtions maintenant, il ne dirait rien et notre conspiration avorterait. — Peste ! pas de cela, il faut qu'elle accouche.

— De quoi ? Monseigneur, demanda Tapin, qui paraissait avoir avec Dubois certaines privautés.

— De ma mître d'archevêque, monsieur Lecoq, dit Dubois, et maintenant, allez à votre affaire, moi je vais à la mienne.

Et tous deux quittèrent la chambre et descendirent rapidement l'escalier, mais à la porte ils se séparèrent; Lecoq remontant précipitamment la ville, en suivant la rue de Paris, et Dubois se glissant contre la muraille, pour aller appliquer son œil de lynx au trou du contrevent.

IX

De l'utilité des cachets.

Gaston venait de souper; car à son âge, fût-on amoureux, fût-on désespéré, la nature ne perd jamais ses droits, et il n'y a que les gens qui ont mauvais estomac qui, à vingt-cinq ans, ne soupent pas plus ou moins.

Il était appuyé sur la table, et réfléchissait. La lumière de la lampe se reflétait tout entière sur son visage, et servait à souhait la curiosité de Dubois.

Aussi celui-ci le regardait-il avec une attention singulière et effrayante ; son œil intelligent s'était dilaté, sa bouche ironique se crispait sous un sourire fatal, et quiconque eût surpris ce sourire ou ce regard, eût bien certainement cru voir le démon qui, dans les ténèbres, voit une des victimes qui lui sont vouées, marcher vers son but de perdition.

Et tout en regardant, il murmurait selon son habitude :

—Jeune, beau, l'œil noir, la lèvre orgueilleuse; c'est un Breton, celui-là ne s'est pas encore corrompu comme mes conspirateurs de Cellamare, aux douces œillades des dames de la cour. Aussi, comme il y va, le démon! les autres ne parlaient que d'enlever, de détrôner..... Fadaises! tandis que celui-ci... Diable!....

Et cependant, continuait Dubois après une pause, je cherche en vain la ruse sur ce front pur, le machiavélisme sur les coins de cette bouche pleine de loyauté et de confiance. Il n'y a pourtant plus de doute à avoir, tout est arrangé pour surprendre le régent dans son rendez-vous avec la vierge de Clisson ; qu'on dise à présent que ces Bretons sont des têtes obtuses.

Décidément, continua Dubois après

un autre moment d'examen, ce n'est pas cela, et je n'y suis point encore; il est impossible que ce jeune homme à l'œil triste, mais calme, s'apprête à tuer un autre homme dans un quart-d'heure; et quel homme! le régent de France, le premier prince du sang! Non, c'est impossible, et un pareil sang-froid ne se comprendrait pas.

Et pourtant, ajoutait Dubois, c'est bien cela, le régent me fait secret de cette nouvelle amourette, à moi à qui il dit tout; il va chasser à Saint-Germain, annonce hautement qu'il viendra coucher au Palais-Royal, puis tout-à-coup donne contre-ordre, et indique Rambouillet à son cocher. C'est à Rambouillet que la jeune fille attend; elle est reçue par Madame Desroches, qu'attend-elle si ce n'est le régent? et cette jeune fille est la maîtresse du chevalier.

Mais aussi est-elle sa maîtresse ? Ah ! nous allons le savoir ; voilà notre ami Oven qui, après avoir été mettre en sûreté ses quatre-vingt louis, apporte du papier et de l'encre à son maître. Il va écrire, à la bonne heure, nous saurons donc quelque chose de positif. Et maintenant, reprit Dubois, voyons jusqu'à quel point nous pouvons compter sur ce maraud de valet.

Et il quitta son observatoire tout grelottant, car, ainsi qu'on se le rappelle, il ne faisait pas chaud.

Dubois s'arrêta sur l'escalier et attendit : du degré où il se trouvait entièrement caché dans l'ombre, il découvrait la porte de Gaston toute dans la lumière.

Au bout d'un instant la porte s'ouvrit et Oven parut. Il demeura une seconde sur la porte, tournant et retournant sa lettre entre ses mains, puis il parut prendre son parti et monta l'escalier.

— Bon! dit Dubois, il a mordu au fruit défendu, et maintenant il est à moi.

Puis, arrêtant Oven sur l'escalier :

— C'est bien, dit-il, donne-moi la lettre que tu m'apportais et attends ici.

—Comment savez-vous que je vous portais une lettre? dit Oven tout ébahi.

Dubois haussa les épaules, lui prit la lettre des mains et disparut.

Rentré dans sa chambre, Dubois examina le sceau : le chevalier, qui n'avait ni cire ni cachet, s'était servi de la cire de la bouteille, et avait appuyé le chaton d'une bague sur la cire.

Dubois abaissa doucement la lettre au-dessus de la flamme de la bougie et le cachet fondit.

Alors il ouvrit la lettre et lut ce qui suit :

« Chère Hélène, votre courage a doublé
« le mien ; faites que je puisse entrer dans
« la maison, et alors vous saurez quels
« sont mes projets. »

—Ah! ah! dit Dubois, il paraît qu'elle ne les sait pas encore; allons, les choses ne sont pas si avancées que je le croyais.

Il recacheta la lettre, choisit parmi les nombreuses bagues dont ses doigts étaient chargés, et qu'il portait peut-être à cet effet, un chaton à peu-près pareil à celui du chevalier, et ayant approché de nouveau la cire de la bougie, il recacheta fort proprement la lettre.

—Tiens, dit-il à Oven en la lui rendant,

voici la lettre de ton maître, va la porter fidèlement, rends-moi la réponse et je te donne dix louis.

— Ah çà! se dit Oven en lui-même, cet homme a donc une mine d'or?

Et il partit tout courant.

Dix minutes après il était de retour avec la lettre attendue. Celle-ci était écrite sur un joli petit papier parfumé, et cacheté d'un cachet chargé de la seule lettre H.

Dubois ouvrit une boîte, en tira une espèce de pâte qu'il se mit à pétrir pour prendre l'empreinte du sceau; mais en se livrant à cette occupation, il s'aperçut que la lettre était pliée de façon qu'on pouvait parfaitement, sans la décacheter, lire ce qu'elle contenait.

— Allons, dit-il, c'est plus commode.

Et il fit bâiller la lettre et lut ce qui suit :

« La personne qui me fait venir de Bre-
« tagne vient de son côté au-devant de
« moi, au lieu de m'attendre à Paris, tant
« elle est impatiente, dit-elle, de me voir ;
« je pense qu'elle repartira cette nuit. Ve-
« nez demain matin avant neuf heures, je
« vous dirai tout ce qui se sera passé entre
« elle et moi, et nous verrons alors de
« quelle façon nous devons agir. »

— Ceci, dit Dubois, suivant toujours son

idée qui faisait d'Hélène la complice du chevalier, me paraît plus clair. Peste! quelle jeune personne délurée! Si c'est comme cela qu'on les élève aux Augustines de Clisson, j'en ferai mon compliment à la supérieure. Et monseigneur qui, sur ses seize ans, va prendre cela pour une ingénue. Oh! il me regrettera, je trouve mieux quand je cherche.

— Tiens, dit-il à Oven, voici tes dix louis et ta lettre; tu vois que c'est tout bénéfice.

Oven empocha les dix louis et porta la lettre; l'honnête garçon n'y comprenait rien, et se demandait ce que lui réservait Paris, puisqu'une pareille mane tombait déjà dans les faubourgs.

En ce moment dix heures sonnaient, et au bruit monotone et lent de l'horloge se mêlait le roulement sourd d'une voiture qui s'approchait avec fracas; Dubois se mit à sa fenêtre et vit la voiture s'arrêter à la porte de l'hôtel. Dans cette voiture se prélassait un gentilhomme fort convenable, qu'au premier coup-d'œil Dubois reconnut pour La Fare, le capitaine des gardes de Son Altesse royale.

— Allons, allons, dit-il, il est encore plus prudent que je ne le croyais; mais où est-il, lui? ah! ah!

Cette exclamation lui était arrachée par la vue d'un piqueur vêtu de la même livrée rouge qu'il cachait lui-même sous le grand manteau dans lequel il était enveloppé, et qui suivait la voiture, sur un magnifique genet d'Espagne, sur lequel il n'était monté que depuis peu d'instants, car tandis que, malgré le temps glacé qu'il faisait, les chevaux de la voiture étaient couverts d'écume. Celui-là était à peine en haleine.

La voiture s'était arrêtée à la porte de l'hôtel, et tout le monde s'empressait autour de La Fare qui faisait le gros dos, demandant tout haut un appartement et un souper. Pendant ce temps, le piqueur descendait de cheval, jetait la bride aux mains d'un page, et s'acheminait vers le pavillon.

— Bien! bien, dit Dubois, tout cela est limpide comme de l'eau de roche; mais comment, dans tout cela, n'a-t-on pas aperçu la figure du chevalier? Est-il si préoccupé de son poulet qu'il n'ait pas entendu la voiture? Voyons un peu. Quant à vous, monseigneur, continua Dubois, soyez tranquille, je ne dérangerai pas votre tête-à-tête. Savourez donc tout à votre aise ce commencement d'ingénuité qui promet de si heureuses suites. Ah! Monseigneur, on voit bien que vous avez la vue basse...

Tout en monologuant, Dubois était descendu et avait repris place à son observatoire.

Au moment même où il approchait l'œil du contrevent, Gaston, après avoir enfermé son billet dans son portefeuille qu'il remit avec grand soin dans sa poche, se levait.

Ah! sang-Dieu, dit Dubois, en étendant instinctivement vers le chevalier ses griffes qui ne rencontrèrent que la muraille, sang-Dieu, c'est ce portefeuille-là qu'il me faudrait; ce portefeuille-là, je le paierais cher. Ah! ah! il s'apprête à sortir, notre gentilhomme; il boucle son épée, il cherche son manteau, où va-t-il? voyons cela, attendre son Altesse royale à la sortie. Non, mordieu! non, ce n'est point là la figure d'un homme qui touche au moment d'en tuer un autre; et je serais plutôt tenté de croire que pour ce soir il se contentera de faire l'Espagnol sous les fenêtres de sa belle. Ah! ma foi, s'il avait cette bonne idée, il y aurait peut-être moyen... Il serait difficile de rendre l'expression du sourire qui passa à ce moment sur le visage de Dubois.— Oui ; mais, dit-il se répondant à lui-même, si j'allais attraper un bon coup d'épée dans l'entreprise, comme Monseiseigneur rirait; mais bah! il n'y a pas de danger, nos hommes doivent être à leur poste, et d'ailleurs, qui ne risque rien n'a rien.

Et encouragé par cet aventureux proverbe, Dubois fit rapidement le tour de l'hôtel, afin de se présenter à une extrémité de la ruelle tandis que le chevalier se présentait à l'autre, en supposant que Gaston sortît pour se promener purement et simplement sous les fenêtres de sa maitresse, ce que paraissait au reste indiquer l'expression triste, mais calme, de son visage.

Dubois ne s'était pas trompé : à l'entrée de la ruelle il trouva maître Tapin qui, après avoir chargé l'Éveillé de l'intérieur de la cour, s'était mis en sentinelle à l'extérieur ; en deux mots il l'eut mis au courant de son projet. Celui-ci lui montra du doigt un de ses hommes couché sur les degrés d'une porte extérieure, tandis qu'un troisième, assis sur une borne, râclait une espèce de guimbarde, selon la coutume des chanteurs ambulants qui vont demander l'aumône dans les auberges. Un quatrième devait être encore dans quelque autre endroit; mais il était si bien caché qu'on ne l'apercevait même pas.

Dubois, sûr d'être soutenu, s'enveloppa jusqu'au nez dans son manteau, et s'aventura dans la ruelle.

A peine avait-il fait quelques pas dans cette espèce de coupe-gorge, qu'il aperçut une ombre qui s'avançait de l'autre extrémité; cette ombre avait tout l'air de la personne que cherchait Dubois.

Effectivement, à la première fois que les deux hommes passèrent l'un à côté de l'autre, Dubois reconnut le chevalier; quant à celui-ci, préoccupé de ses pensées, il ne chercha pas même à savoir qui l'avait croisé, et peut-être même n'avait-il pas vu qu'on le croisait.

Ce n'était pas là l'affaire de Dubois; il avait besoin d'une belle et bonne querelle, et voyant qu'on ne la lui cherchait pas, il résolut de prendre l'initiative.

A cet effet, il revint sur ses pas, et s'arrêtant devant le chevalier qui, arrêté lui-même, cherchait à distinguer lesquelles des quatre ou cinq fenêtres donnant sur la ruelle étaient celles de la chambre qu'habitait en ce moment Hélène.

— Hé! l'ami, lui dit-il d'une voix rauque, que faites-vous, s'il-vous-plaît, à cette heure devant cette maison?

Gaston baissa les yeux du ciel à la terre, et de la poésie de ses pensées retomba dans le matérialisme de la vie.

— Plaît-il, Monsieur ? dit-il à Dubois, je crois que vous m'avez parlé.

— Oui, Monsieur, répondit Dubois, je vous ai demandé ce que vous faisiez-là.

— Passez votre chemin, dit le chevalier, je ne m'inquiète pas de vous, ne vous inquiétez pas de moi.

— Cela pourrait se faire ainsi, dit Dubois, si votre présence ne me gênait point.

— Cette ruelle, toute étroite qu'elle est,

est assez large pour nous deux, Monsieur, promenez-vous d'un côté et je me promènerai de l'autre.

— Mais il me plaît de m'y promener seul à moi, dit Dubois ; je vous inviterai donc à aller à d'autres croisées que celles-ci, il n'en manque pas à Rambouillet, choisissez.

— Et pourquoi ne pourrais-je pas regarder ces croisées s'il me convient, répondit Chanley.

— Parce que ce sont celles de ma femme, repartit Dubois.

— De votre femme ?...

— Oui, de ma femme qui vient d'arriver de Paris, et de laquelle je suis fort jaloux, je vous en préviens.

— Diable, murmura Gaston, c'est probablement le mari de la personne chargée de veiller sur Hélène. Et par un retour subit sur lui-même, afin de se ménager ce personnage important dont il pouvait avoir besoin plus tard :

— Monsieur, dit-il en saluant poliment Dubois, s'il en est ainsi c'est autre chose, je suis prêt à vous quitter la place, car je me promenais sans aucun but.

— Diable, fit Dubois, voilà un conspirateur bien poli! ce n'est pas mon compte, il me faut une querelle.

Gaston s'éloignait.

— Vous me trompez, Monsieur, dit Dubois.

Le chevalier se retourna aussi vivement que si un serpent l'eût mordu ; cependant, prudent à cause d'Hélène, prudent à cause de la mission qu'il avait entreprise, il se contint.

— Monsieur, dit-il, est-ce parce que j'y mets des formes que vous doutez de ma parole?

— Vous y mettez des formes parce que

vous avez peur; mais il n'en est pas moins vrai que je vous ai vu regarder à cette fenêtre.

— Peur! moi peur! s'écria Chanley se retournant d'un seul bond en face de son antagoniste. N'avez-vous pas dit que j'avais peur? Monsieur.

— Je l'ai dit, répondit froidement Dubois.

— Mais alors, reprit le chevalier, c'est donc une querelle que vous me cherchez?

— Parbleu! c'est visible, ce me semble. Ah çà! mais vous arrivez donc de Quimper Corentin?

— Pâques Dieu ! s'écria Gaston en tirant son épée, allons, Monsieur, flamberge au vent.

— Et vous, habit bas, s'il vous plaît, dit Dubois jetant son manteau, et s'apprêtant à en faire autant de son habit.

— Habit bas, pourquoi faire ? demanda le chevalier.

— Parce que je ne vous connais pas, Monsieur, et que les coureurs de nuit ont parfois leurs habits prudemment doublés d'une cotte de mailles.

A peine Dubois avait-il prononcé ces mots, que le manteau et l'habit du chevalier étaient loin de lui; mais au moment où Gaston, l'épée nue, s'élançait sur son adversaire, l'homme ivre alla rouler entre ses jambes, le joueur de guimbarde lui saisit le bras droit, l'exempt le bras gauche, et le quatrième, qu'on n'avait pas vu, le prit à bras-le-corps.

— Un duel! Monsieur, criaient ces hommes, un duel, malgré la défense du Roi, et ils l'entraînaient vers la porte sur les degrés de laquelle était couché l'homme ivre.

— Un assassinat! murmurait Gaston entre ses dents, n'osant crier de peur de compromettre Hélène. Misérables!

— Monsieur, nous sommes trahis, disait Dubois tout en roulant en paquet l'habit et le manteau du chevalier et en les mettant sous son bras ; mais nous nous retrouverons demain, soyez tranquille.

Et il courait à toutes jambes vers l'hôtel, tandis qu'on enfermait Gaston dans la salle basse.

Dubois monta les escaliers en deux sauts, et s'enfermant dans sa chambre, tira le précieux portefeuille de la poche du chevalier.

Dans une poche particulière, il renfermait un sequin brisé par la moitié, et un nom d'homme.

Le sequin était évidemment un signe de reconnaissance.

Le nom était sans doute celui de l'homme auquel Gaston était adressé et qui s'appelait — le capitaine La Jonquière. — Le papier était en outre taillé d'une certaine façon.

— La Jonquière, murmura Dubois, La Jonquière, c'est cela, nous avons déjà l'œil sur lui. Très bien !

Il feuilleta rapidement tout le reste du portefeuille ; il n'y avait pas autre chose.

— C'est peu, dit-il, mais c'est assez.

Il tailla un papier sur la forme de l'autre, prit le nom, puis il sonna.

On frappa doucement à la porte, la porte était fermée en dedans.

—C'est vrai, dit Dubois, je l'avais oublié. Et il alla ouvrir.

C'était M. Tapin.

—Qu'en avez-vous fait? demanda Dubois.

—Il est enfermé dans la salle basse, et gardé à vue.

—Reportez ce manteau et cet habit où il les a jetés, afin qu'il les retrouve à la même place; faites-lui vos excuses et le mettez dehors. Prenez-garde que rien ne manque aux poches de l'habit, ni le portefeuille, ni la bourse, ni le mouchoir, il est urgent qu'il n'ait aucun soupçon. Du même coup, vous me rapporterez mon habit et mon manteau à moi, qui sont restés sur le champ de bataille.

Monsieur Tapin s'inclina jusqu'à terre, et se retira pour accomplir les ordres qu'il venait de recevoir.

FIN DU PREMIER VOLUME.

www.ingramcontent.com/pod-product-compliance
Lightning Source LLC
Chambersburg PA
CBHW071518160426
43196CB00010B/1562